SEIS ENSAYOS SOBRE TEORÍA SOCIOLÓGICA DE LA EDUCACIÓN

Oscar Arnulfo Mota Blanco es arquitecto y sociólogo por la Universidad Veracruzana. Sus líneas de investigación son el desarrollo urbano de alta densidad y las cuestiones teórico-metodológicas de las ciencias sociales desde la perspectiva de la Escuela Austriaca.

Para más información:

www.oscarmotaarq.com

SEIS ENSAYOS SOBRE TEORÍA SOCIOLÓGICA DE LA EDUCACIÓN

Oscar Arnulfo Mota Blanco

Primera edición: diciembre del 2019

© Oscar Arnulfo Mota Blanco
KDP ISBN: 9781654609900

Disponible en ebook

ÍNDICE GENERAL

PREFACIO

A CONTINUACIÓN se expone el texto completo correspondiente a los documentos de trabajo desarrollados durante la Experiencia Educativa "Teoría Sociológica de la Educación" del Programa Educativo de Sociología, Universidad Veracruzana SEA, durante el semestre de verano del presente año.

Diciembre del 2019

Para mi madre y maestra

EL MODELO EDUCATIVO EN MÉXICO

Critical review

LA SECRETARÍA de Educación Pública [SEP] es uno de los ministerios de más rancio abolengo en la Administración pública federal del Estado mexicano, pues se fundó el 3 de octubre de 1921 de mano con la reforma constitucional necesaria para el proyecto educativo de J. Vasconcelos, por un lado, y del espíritu democratizador defendido por E. Carranza (SEP, 2015). De tal suerte, su misión es "crear condiciones que permitan asegurar el acceso de todas las mexicanas y mexicanos a una educación de calidad, en el nivel y modalidad que la requieran y en el lugar donde la demanden" (SEP, 2013, "Misión").

En este sentido, dado que se entiende por educación de calidad "aquella que forma integralmente a las personas y las prepara para la época que les corresponde vivir" (SEP, 2016, p. 223), la Secretaría hace propio de suyo el papel rector que orienta y encauza a la sociedad educativa —a saber: maestros, padres de familia, estudiantes y autoridades educativas— hacia determinados fines, es decir, aquellos establecidos en el Artículo 3º constitucional (SEP, 2016, pp. 220 y ss.). Lo anterior partiendo del supuesto de que lo dispuesto en aquel apartado pretende una formación integral, o sea, el "desarrollo armónico de todas las facultades del ser humano" (SEP, 2016, pp. 220).

Ante tan ambicioso programa, y siguiendo la lógica del *spoil system* consustancial al Estado, se desprende la necesidad, o supuesta tal, de transformar el «modelo educativo», compuesto por *i*) un currículo, *ii*) directores, *iii*) docentes, *iv*) padres de familia, *v*) infraestructura, *vi*) presupuesto, *vii*) procesos, *viii*) flujos de información, entre otros (SEP, 2016, p. 222), desde la centralización vertical y prescriptiva hacia el federalismo ad hoc (SEP, 2016, pp. 219-220); todo ello con el fin de legitimar la dominación racional, concomitante al Estado moderno. Para esto son indispensables "la organización y los procesos que tienen lugar en la escuela, las prácticas pedagógicas en el aula y el currículo" (SEP, 2016, p. 222), en tanto que «planteamiento pedagógico», los cuales permitan a) la gobernanza efectiva, y b) el adecuado funcionamiento del sistema educativo (SEP, 2016, p. 222).

Así, el pretendido cambio aspira a "el fortalecimiento y (...) nueva conjugación de los componentes del sistema (...) para que estos (...) se organicen de manera que posibiliten (...) un planteamiento pedagógico apropiado para lograr los aprendizajes del siglo XXI" (SEP, 2016, p. 224). En suma, el objeto de estas reformas es formar la concepción que tiene el Estado sobre el «mexicano» a través de los logros esperados al término de cada nivel educativo de la Educación Básica y Media Superior (SEP, 2016, pp. 216-217); mismos que se pueden diferenciar en los ámbitos del 1. lenguaje y comunicación, 2. pensamiento crítico y reflexivo, 3. valores, convivencia y colaboración, 4. desarrollo físico y emocional, 5. México y el mundo, 6. arte y cultura, y 7. medio ambiente.

Sin embargo, son evidentes las minusvalías conceptuales de esta *positivación* del Derecho en lo que atañe a los planteamientos educativos que sostiene el Estado, pues α) hacen gala de la arrogancia fatal, en el sentido de von Hayek (2013), por cuanto pretende definir a un fenómeno complejo como el hombre (von Hayek, 1967), careciendo totalmente de la información y «datos» sine qua non, es decir, las condiciones concomitantes al orden espontáneo de organización intersubjetiva, de carácter netamente cataláctico (von Hayek, trad. en 2008), y dónde dicha «planificación» supone que las condiciones y medios para la consecución de sus fines políticamente orientados, que implican a la sociedad en su conjunto, un conocimiento que nunca esta «dado» y que resulta imposible de captar en un único organismo en cuanto se encuentra disperso en las mentalidades de todos los sujetos que la componen (von Hayek, trad. en 1997); lo cual β) termina inequívocamente en una situación tiránica, producto de la falsa promesa del socialismo, de naturaleza ur-fascista y totalitaria (von Hayek, 1945/2005), dónde la sociedad civil pierde la rectoría de su devenir a cambio de la esperanza fútil que ofrece el demagogo.

Consecuentemente, estos intentos de controlar lo impredecible, la acción humana, que lejos de conseguir las bondades que se propone, nos plantea un problema de carácter moral. Si, como nos explica Kant (trad. en 2009), el hombre es libre gracias a su naturaleza racional, a su incondicionada capacidad de guiar su propio destino, aún en el Estado moderno esta peculiaridad que define a la acción humana habría de estar amparada desde la lógica de la coacción legítima (Bobbio, trad. en 2018), si se quiere, en términos meramente «formales» (Weber, trad. en 2014). Así, desde las tesis iusnaturalistas, propias de nuestra doctrina, para el análisis de este fenómeno económico-social concreto, que no es más que una utopía socialista típica-*ideal* (Weber, trad. en 1973), encontramos, p. ej., que uno entre otros tantos principios que tienen como objeto la Constitución política en el apartado estudiado, la concepción de justicia se tiene como objetivo de la educación dirigida por el Estado (SEP, 2016, p. 216), aún cuando carece del sustrato teórico propio de nuestra doctrina, pues deviene en la formulación positiva antedicha dictada por la «máquina plebiscitaria» vigente en cada momento, y por lo tanto volviéndola más arbitraria que lo correspondiente a su esencia (Kelsen, trad. en 2016).

En suma, nos resulta posible afirmar que como consecuencia de la legitimación del expolio sistemático del Estado sobre la población civil, a través de la provisión de vienes públicos, o supuestos tales, como lo es para nuestro caso la educación dirigida por el Estado, la sociedad entra en un círculo vicioso del cual obtiene únicamente más sometimiento, pues son los intereses de la camarilla que ejerce efectivamente el poder los que se plasman en las líneas de acción, políticamente orientadas, definidas como «planteamiento pedagógico» en un intento ruin de perpetuar la dominación racional, y necesariamente despótica, del Estado.

REFERENCIAS

Bobbio, N. (2018). *Estado, gobierno y sociedad: Por una teoría general de la política* (Trad. J. F. Fernández) (2.ª ed.). Ciudad de México: Fondo de Cultura Económica.

Kant, I. (2009). ¿Qué es la ilustración?. *Foro de Educación, 7*(11), 249-254. Recuperado de https://www.redalyc.org/articulo.oa?id=447544586016

Kelsen, H. (2016). *¿Qué es la justicia?* (30.ª ed.). México, D.F.: Fontamara.

Secretaría de Educación Pública. (2013, enero, 1). Visión y Misión de la SEP [Publicación de registro web]. Recuperado de https://www.gob.mx/sep/acciones-y-programas/vision-y-mision-de-la-sep?state=published

Secretaría de Educación Pública. (2015, noviembre, 13). Historia de la Secretaría de Educación Pública [Publicación de registro web]. Recuperado de https://www.gob.mx/sep/acciones-y-programas/historia-de-la-secretaria-de-educacion-publica-15650?state=published

Secretaría de Educación Pública. (2016). El Modelo Educativo en México: El planteamiento pedagógico de la Reforma Educativa. *Perfiles Educativos, 38*(154), 216–225. https://doi.org/10.22201/iisue.24486167e.2016.154.57670

von Hayek, F. A. (1967). The theory of complex phenomena [La teoría de los fenómenos complejos]. En *Studies in Philosophy, Politics and Economics* (pp. 22–42). https://doi.org/10.7208/chicago/9780226321356.001.0001

von Hayek, F. A. (1997). El uso del conocimiento en la sociedad. *Reis,* (80), 215–226. https://doi.org/10.2307/40183924

von Hayek, F. A. (2005). *The Road to Serfdom with The Intellectuals and Socialism. [El camino a la servidumbre con los intelectuales y el socialismo]* (1.ª ed.). https://doi.org/10.2139/ssrn.878756 (Trabajo original publicado en 1945).

von Hayek, F. A. (2008). El orden de mercado o cataláxia. En J. Huerta de Soto (Ed.), *Lecturas de Economía Política* (2.ª ed., Vol. II, pp. 191–211). Madrid: Unión Editorial.

von Hayek, F. A. (2013). *The Fatal Conceit: The Errors of Socialism. [El concepto fatal: Los errores del socialismo]* (1.ª ed., reimp.; W. W. Bartley, Ed.). https://doi.org/10.4324/9780203734001

Weber, M. (1973). La «objetividad» cognositiva de la ciencia social y de la política social. En J. L. Etcheverry (Trad.), *Ensayos sobre metodología sociológica* (pp. 39–101). Buenos Aires: Amorrortu. (Trabajo original publicado en 1904).

Weber, M. (2014). *Economía y sociedad* [versión iBooks] (Trads. J. Medina, J. Roura, E. Ímaz, E. García, J. Ferrater Mora, F. Gil Villegas) (1.ª ed.) México, D.F.: Fondo de Cultura Económica. Recuperado de https://itunes.apple.com/mx/book/ (Trabajo original publicado en 1922).

Directrices para la mejora del ME-2016 por parte de los 'expertos'

Critical review

C OMO ANALIZAMOS previamente[1], el programa de acción de nuestro ministerio corresponde perfectamente a las lógicas de *spoil system*, según las cuales, su objetivo es insertar en las mentes de los educandos los educandos la concepción que tiene el Estado sobre el «*mexicano*» a través de los logros esperados al término de cada nivel educativo de la Educación Básica y Media Superior (SEP, 2016, pp. 216-217). Concomitante a dicho objetivo, Casanova, Díaz-Barriga, Loyo, Rodríguez, & Rueda (2017) opinan, en líneas generales, que para lograr la mejor consecución de la política educativa y el planteamiento pedagógico del Estado, correspondiente al modelo educativo surgido de la Reforma Educativa del 2016 [ME-2016], sería necesario «distender políticamente», bajo el eufemismo de «diálogo educativo nacional», los problemas de gobernabilidad que han surgido por las violaciones a los intereses y canonjías del gremio sindical del magisterio mexicano, concretamente aquellos originados por determinadas células de la Coordinadora Nacional de Trabajadores de la Educación [CNTE], en tanto que «máquina plebiscitaria» del Estado. Esto con el fin de generar una supuesta «evaluación formativa de la docencia», a través de propuestas de orden *teórico* y *práctico* o *técnico* que ayuden fortalecer, en líneas generales, los planteamientos pedagógicos del ME-2016[2].

En resumen, encontramos entre nuestro grupo de «expertos» una postura bastante similar que tiende hacia la concentración del poder para expoliar del Estado a través de la legitimación de sus lógicas, esto mediante la implementación de sus planteamientos pedagógicos en el proceso educativo; todo ello como respuesta al mantenimiento del *statu quo*, ie, conservar la mentada gobernabilidad del sistema de Estado sobre la 'sociedad civil'.

REFERENCIAS

Casanova, H., Díaz-Barriga, Á., Loyo, A., Rodríguez, R., & Rueda, M. (2017). El modelo educativo 2016: Un análisis desde la investigación educativa. *Perfiles Educativos*, *39*(155), 194–205. https://doi.org/10.22201/iisue.24486167e.2017.155.58064

Secretaría de Educación Pública. (2016). El Modelo Educativo en México: El planteamiento pedagógico de la Reforma Educativa. *Perfiles Educativos*, *38*(154), 216–225. https://doi.org/10.22201/iisue.24486167e.2016.154.57670

NOTAS

---

[1] *Cfr.* "El modelo educativo en México: *Critical review*", Documento de trabajo, Universidad Veracruzana SEA.

[2] El modelo educativo en México…, párr. 3-4.

EL SISTEMA DE PROPOSICIONES LÓGICO-SIMBÓLICAS DEL MARXISMO

Review Essay de 'La reproducción: Elementos para una teoría del sistema de enseñanza'

NUESTRO MENESTER es la crítica al texto de P. Bourdieu y J.-C. Passeron titulado *La reproducción: Elementos para una teoría del sistema de enseñanza*, siguiendo como elementos de juicio el desarrollo teorético de la noble doctrina de la Escuela Austriaca, principalmente en lo que atañe a los llamados 'Capitales Sociales', mismos que hemos abordado previamente[1]; esto con el fin de presentar una alternativa ajena a los problemas inherentes al «historicismo» de cuño marxista, ie, el materialismo histórico, así como a sus implicaciones metodológicas, en lo tocante al programa de relaciones lógico-simbólicas propio de los Sistemas de Enseñanza.

§ 1. ELEMENTOS DE JUICIO PARA LA CRÍTICA AUSTRIACA AL SISTEMA DE PROPOSICIONES LÓGICO-SIMBÓLICAS DEL SISTEMA MARXIANO

I

COMO HEMOS apuntado hasta la saciedad[2], el «marxismo», en tanto sistema de pensamiento para la interpretación de la 'realidad' social, resulta ser falaz por estar sustentada en presupuestos que se han demostrado como tales; esto último en buena medida gracias al desarrollo teorético de los autores de la Escuela Austriaca. En este sentido, para los efectos de nuestra crítica, se entiende por «marxismo» al conjunto de proposiciones con pretensión de verdad que se fundamentan en la α) hipótesis de la plusvalía, o también conocida como la teoría de la explotación, y con los cuales se pretende agotar la suma de todos los enunciados dotados de sentido de la 'realidad' social;

en otras palabras: el «marxismo» es la escuela sociológica que pretende estudiar la anatomía de la 'sociedad civil', en el sentido de Hegel, como el cumulo de condiciones materiales de vida inherentes a las formas político-económicas (Marx, trad. en 2008, p. 4), doctrina que se articula bajo los ejes axiológico y heurístico de aquella hipótesis. Según esto, para el sistema marxiano

> los hombres establecen determinadas relaciones [sociales], necesarias e independientes de su voluntad, (...) que corresponden a un determinado estadio evolutivo de sus fuerzas productivas materiales (...) constituye[ndo] la estructura económica de la sociedad (...) sobre la cual se alza un edificio [*Uberbau*] jurídico y político, y a la cual corresponden determinadas formas de conciencia social (...) [por lo que] su existencia social [es] lo que determina su conciencia (Marx, trad. en 2008, p. 4)

A riesgo de repetir lo que hemos argüido en digresiones previas con los razonamientos que expondremos a continuación, los principios fundamentales de este sistema pueden ser resumidos entre la β) *teoría del valor trabajo*; el γ) *polilogismo*; y la δ) *alienación [Entfremdung]*. De esta manera, se concibe la perspectiva epistemológica inductivista según la cual las tesis que se construyen a partir de este sistema están enunciadas de tal modo que, en términos del *fisicalismo*, son útiles para la investigación sobre la correlación entre estructuras sociales «fisicalistas» o materiales, cuantitativas y empiristas por definición, sobre las cuales se asientan hipótesis auxiliares, como el de la *Uberbau*, inducidas por *la* teoría fisicalista especial del sistema marxiano, ie, el *materialismo histórico* (Neurath, trad. en 1986, p. 314).

II

De tal suerte, (β) el problema fundamental del sistema marxiano estriba en una contradicción no resuelta de su *teoría del valor trabajo*, parafraseando a von Böehm-Bawerk (trad. en 1983). Dado que hemos profundizado ya en esta cuestión[3], baste con abonar al debate que, si entendemos por *fuerza de trabajo* "el conjunto de las condiciones físicas y espirituales que se dan en la corporeidad, en la persona viviente de un hombre y que éste pone en acción al producir valores de uso de cualquier clase" (Marx, trad. en 2013, Vol. I, capítulo IV, § 3, párr. 2), entonces:

> Marx's first formulation of the theory of wages is purely dogmatic. Labour-power, like other commodities, tends to be sold at its value, and the value of labour-power is the labour-time necessary to produce the means of subsistence of the workers, and of the children who will replace them (Marx, trad. en 2013, Vol. I, capítulo IV, § 3, párr. 11 y ss.). This subsistence level contains a "historical and moral element", since it partly depends upon the "habits and degree of comfort in which the class of free labourers has been formed" (Marx, trad. en 2013, Vol. I, capítulo IV, § 3, párr. 11), that is, upon the standard of life obtaining before capitalism dispossesses the peasants and turns them into "free labourers". This treatment of the determination of wages, like the dogmatic treatment of prices, is gradually abandoned as the argument develops. The value of labour (subsistence wages) does not determine the level of wages, but merely describes the limit below which wages cannot lie for long without reducing the labour-power of the workers and so threatening to destroy the basis of exploitation.
>
> Marx's reference to a "historical and moral" element in the determination of subsistence wages is often interpreted to mean that the value of labour tends to rise, as capitalism develops, with the customary standard of life. I find no warrant for this interpretation. And, if it were adopted, it would reduce Marx's argument to circularity, for it would mean that the level of real wages determines the value of labour-power. (Robinson, 1966, p. 30)

Dilucidado así (α), o sea, el principio que fundamenta este sistema de pensamiento, que es falaz al tratarse de una vulgar petición de principio, tal y como hace más de un siglo probó teoréticamente E. von Böehm-Bawerk [4], este esquema de enunciados persiste estableciendo determinadas correlaciones que son presuntamente «empíricas», en las cuales encontramos la dificultad de establecer 'elementos de juicio corroboradores', en el sentido de Popper (1991, p. 61), para la *hipótesis de la plusvalía*; ya que "Marx se interesaba en realidad en un proceso histórico de la acumulación y el cambio técnico a través del tiempo" (Robinson, 1979, p. 759).

Con esto,

> the problem [, es decir, la controversia en torno a la teoría del valor] has not yet completely theoretically solved, in so far as it is simply dismissed from the basic theory contingent upon a factual tendency which was conspicuous particularly up to Marx's own age. Without giving a more substantial theoretical solution to the problem, we may not be able to offer a sound frame of reference for the analyses of actual segmentation of workers in recent capitalist societies (...) these actual trends of the segmentation of workers have become more and more dependent upon socially discriminatory factors such as racism, sexism and schooling, and have been utilised and fostered more or less artificially in order to facilitate a managerial 'bureaucratic' control of working people. (Itoh, 1988, p. 160)

Por lo tanto, puesto que *a)* la postura epistemológica que hace propio de suyo el *materialismo histórico*, lejos de coadyuvar a la erradicación del 'solipsismo metodológico', supone ya el problema que Popper (1980) denominó como «*criterios de demarcación*» entre ciencia y metafísica, mismo que hemos abordado también en otra ocasión[5], pues este sistema contiene "más elementos en común con los mitos primitivos que con la ciencia" (Popper, 1991, p. 59); consecuentemente, *b)* en el núcleo de este método se encuentra justamente el error objeto de nuestra digresión, a saber: la interpretación *idealizante* de la historia, en el sentido de Nowak (1983), misma que hemos discutido anteriormente[6]; esto a razón de que las elaboraciones de autores marxistas recientes — entre las que podemos contar, sin ser exhaustivos, las de Bourdieu (1985, 1986, 2013; véase también Alvarez, 1996); la de Bourdieu & Passeron (1996), cuestión fundamental de estas líneas; y las de Giddens (trads. en 1996, 2014)— buscan todas ellas sostener con hipótesis *ad hoc* el sistema marxiano haciendo uso de la 'estratagema convencionalista' y rebajando con ello, necesariamente, su *status* científico (Popper, 1991, p. 61).

III

Concomitantemente, (γ) la jeringonza ricardiana en la que se convierten los tratados de Marx (2008, 2013), si obviamos su hipótesis de trabajo, también resulta en una utopía romántica decimonónica típica-*ideal*. Siguiendo el racionalismo crítico de cuño popperiano, como hemos sugerido previamente[7], la solución al problema de la inducción que propone el «falsacionismo» de Popper (1971), asesta hacia el relativismo lógico propio del historicismo marxista, el cual implica la imposibilidad de explicaciones de principios independientes de circunstancias particulares de tiempo y lugar, tendencia propia de la etnografía al uso (Perrin, 2005, p. 23). Así, aun cuando "un historicismo verdaderamente científico tiene que ser independiente de estos elementos [y] que sencillamente tenemos que someternos a las leyes del desarrollo existentes" (Popper, 2006, p. 68), en "estos análisis se establecen correlaciones entre las circunstancias sociales generales y ciertos modos de conducta de grupos humanos limitados (...) ['enunciados' que] no son esenciales a esas correlaciones" (Neurath, 1986, p. 319). Con ello, las condiciones de posibilidad para esta perspectiva nos parecen nulas, porque "ningún predictor científico (...) tiene la posibilidad de predecir por métodos científicos sus propios resultados futuros" (Popper, 2006, p. 13).

De tal forma:

> Lo más a que llegaron, tanto los marxistas como los racistas y los defensores de cualquier tipo de polilogismo, fue simplemente a asegurar que la estructura lógica de la mente difiere según sea la clase, la raza o la nación del sujeto. [sic.] Nunca, sin embargo, interesóles precisar concretamente en qué difiere la lógica proletaria de la burguesa; la de las razas arias de las que no lo son: la alemana de la francesa o inglesa. [V. gr.,] Para el marxista, la teoría ricardiana de los costos comparativos es incierta porque su autor era burgués. Los racistas arios, en cambio, la condenan sobre la base de que Ricardo era judío. Los nacionalistas alemanes, en fin, la critican por la británica condición del autor. Hubo profesores teutones que recurrieron a los tres argumentos a la vez en su deseo de invalidar las enseñanzas ricardianas. Ahora bien, una doctrina no puede en bloque ser rechazada meramente en razón al origen de su expositor. Quien tal pretende debe, indudablemente, comenzar por exponer una teoría lógica distinta a la del autor criticado, al objeto de que, una vez ambas contrastadas, quede demostrado que la impugnada llega a conclusiones que, si bien resultan correctas para la lógica de su patrocinador, no lo son, en cambio, para la lógica proletaria, aria o alemana, detallando seguidamente las consecuencias que llevaría aparejadas el sustituir aquellas torpes inferencias por esas segundas más correctas. Ningún polilogista, sin embargo, según a todos consta, ha querido ni ha podido argumentar por tales vías. (von Mises, 1986, pp. 127-128)

Por ende, el supuesto *polilogista* cae por su propio peso. No hay, pues, la *Uberbau* que condiciona la *acción humana*, ni individual ni colectiva, si es que cosa tal como *acción colectiva* es plausible, debido a la propia naturaleza de la «acción»; podemos afirmar esto gracias a los fundamentos de la metodología *accional-subjetivista*[8], propia de nuestra doctrina.

IV

En suma, (δ) puesto que (α) resulta ser falaz ya que (β) es una petición de principio, y por lo tanto (γ) es lógica y conceptualmente errática, la correlación sociológica del *Uberbau*, opuesta al orden espontáneo del mercado, es decir, la *cataláctica* [9] , acoge la postura 'determinista', propia del historicismo «pronaturalista» (Popper, 2006, §§ 11-16); razón por la cuál no existe una consustancialidad, siendo esta correlación estructura-superestructura una «tautología vacía»[10].

§ 2. CRÍTICA AL SISTEMA DE PROPOSICIONES LÓGICO-SIMBÓLICAS CONCRETAS DE 'LA REPRODUCCIÓN'

V

El texto que sometemos a escrutinio, con la ventaja que suponen los planteamientos *ex post*, está compuesto formalmente por dos libros, además de las notas editoriales propias de este tipo de trabajos. De tal suerte, el libro primero trata los '*Fundamentos de una teoría de la violencia simbólica*', mientras que el libro segundo está destinado a las tesis sobre '*El mantenimiento del orden*' que deviene como consecuencia lógica de la mentada teoría. A modo de marco conceptual de este título conviene precisar sobre las consabidas *formas de los «capitales sociales»* (Bourdieu, 1986), que para el maestro neoestructuralista francés

> La noción de 'campo social' elaborada por Bourdieu (1985, pp. 723-725) está, dentro de los límites de su propia teoría, en consonancia con la que se ofreció antes; ya que para él las propiedades que diferencian las diferentes capacidades de fuerza o poder dentro del «mundo de la vida» tienen curso en los diferentes 'campos sociales', a saber: *i*) cultural; *ii*) social; y *iii*) económico; así como dentro

de los capitales que de estos emanan. Consecuentemente, de este espacio de posiciones, dice más adelante Bourdieu (1985, pp. 725), es posible realizar una estratificación de los individuos que están situados en condiciones similares y sometidos a condicionamientos similares, además tienen todas las probabilidades de disponer de intereses similares, pero que tal clase no constituye a priori un grupo, una «clase social» para la lucha, en el sentido más hegeliano de izquierda posible. Para Bourdieu (2013, p. 293) tal clasificación requiere de la aprehensión de los aspectos físicos de los agentes, por un lado, y de las propiedades simbólicas que se les imponen de acuerdo con su lógica específica[11].

VI

Desde esta perspectiva, el planteamiento general de la teoría *bourdieuiana* de la violencia simbólica que se expone en el texto sometido a escrutinio reside en el supuesto de que:

> Todo poder de violencia simbólica, o sea, todo poder que logra imponer significaciones e imponerlas como legítimas disimulando las relaciones de fuerza en que se funda su propia fuerza, añade su fuerza propia, es decir, propiamente simbólica, a esas relaciones de fuerza. (Bourdieu & Passeron, 1996, p. 44)

Para ello, los autores articulan los fundamentos de esta teoría en cuatro postulados principales con sus respectivas hipótesis auxiliares, teoremas, corolarios y lemas dónde corresponden; a saber: (§1) de la doble arbitrariedad de la *acción pedagógica* [AP] (pp. 45-51); (§2) de la *autoridad pedagógica* [AuP] (pp. 51-71); (§3) del *trabajo pedagógico* [TP] (pp. 72-94); y (§4) del *sistema de enseñanza* [SE] (pp. 95-108). En este sentido, consideramos que el eje fundamental, que se presenta en formas de teorema, y que se expresa como la tautología preponderante de este *Sistema de proposiciones lógico-simbólicas*, es

> [§] 1.2.1. La selección de significados que define objetivamente la cultura de un grupo o de una clase como sistema simbólico es arbitraria en tanto que la estructura y las funciones de esta cultura no pueden deducirse de ningún principio universal, físico, biológico o espiritual, puesto que no están unidas por ningún tipo de relación interna a la «naturaleza de las cosas» o a una «naturaleza humana». (Bourdieu & Passeron, 1996, p. 48)

A partir de este axioma, consecuente con los principios «fisicalistas» del *materialismo histórico*, se despliegan las principales correlaciones sociológicas entre enunciados y el desarrollo conductual de los grupos humanos, o *clases sociales* en la terminología marxista al uso, diferenciadas entre 'grupos o clases dominantes' y 'grupos o clases dominadas', haciendo gala de un evidente (γ) *polilogismo*; que, como hemos argumentado en el epígrafe III de la sección anterior de nuestro excurso, es falaz. Pese a esto, los autores sostienen que:

> [§] 1.3. El grado objetivo de arbitrariedad (en el sentido de la prop. 1.1) del poder de imposición de una AP es tanto más elevado cuanto más elevado sea el mismo grado de arbitrariedad (en el sentido de la prop. 1.2) de la cultura impuesta. (Bourdieu & Passeron, 1996, p. 49)

Y a renglón seguido apuntan:

> [§] 1.3.1. La AP cuyo poder arbitrario de imponer una arbitrariedad cultural reside en última instancia en las relaciones de fuerza entre los grupos o clases que constituyen la formación social en la que dicha AP se ejerce (por 1.1 y 1.2) contribuye, al reproducir la arbitrariedad cultural que inculca, a reproducir las relaciones, de fuerza que fundamentan su poder de imposición arbitrario

> (función de reproducción social de la reproducción
> cultural). (Bourdieu & Passeron, 1996, p. 50)

Con esto, nuestros autores dan un giro de tuerca más, mediante la 'estratagema convencionalista' comentada en el epígrafe III de la sección anterior, quedando en evidencia su intento por salvar al *materialismo histórico* de la circularidad. Sin embargo, nos parece un esfuerzo estéril, pues continúan su exposición con el argumentando:

> [§] 2. En tanto que poder de violencia simbólica que se ejerce en una relación de comunicación que sólo pueden producir su efecto propio, o sea, propiamente simbólico, en la medida en que el poder arbitrario que hace posible la imposición no aparece nunca en su completa verdad (en el sentido de la prop. 1.1), y como inculcación de una arbitrariedad cultural que se realiza en una relación de comunicación pedagógica que solamente puede producir su propio efecto, o sea, propiamente pedagógico, en la medida en que la arbitrariedad del contenido inculcado no aparece nunca en su completa verdad (en el sentido de la prop. 1.2), la AP implica necesariamente como condición social para su ejercicio la autoridad pedagógica (AuP) y la autonomía relativa de la instancia encargada de ejercerla. (Bourdieu & Passeron, 1996, pp. 51-52)

Es decir, que los autores pretenden salvaguardar el nivel predictivo del *materialismo histórico* mediante la condición de que las *acciones humanas* estén subordinadas a una institución o instituciones 'reproductoras' del *sentido mentado* en estas. O sea, parecen afirmar, como buenos marxistas, el determinismo historicista. Más aun:

> [§] 2.1.3 En una formación social determinada, la AP legítima, o sea, dotada de la legitimidad dominante, no es más que la imposición arbitraria de la arbitrariedad cultural dominante, en la medida en que es ignorada en su verdad objetiva de AP dominante y de imposición de la

arbitrariedad cultural dominante (prop. 1.1.3 y 2.1). (Bourdieu & Passeron, 1996, p. 62)

Con este argumento, nuestros autores están apelando obviamente a la δ) *alienación*, si bien este 'desconocimiento' nos parece absurdo al tratarse de una arbitrariedad cultural. Continúan diciendo:

> [§] 2.2.2. En una formación social determinada, la cultura legítima, o sea, la cultura dotada de la legitimidad dominante, no es más que la arbitrariedad cultural dominante, en la medida en que se desconoce su verdad objetiva de arbitrariedad cultural y de arbitrariedad cultural dominante (prop. 1.2.3 y 2.2). (Bourdieu & Passeron, 1996, pp. 63-64)

Haciendo caso omiso a la prosa de nuestros autores, llena de reiteraciones absurdas y con un estilo típicamente *postmoderno*, los autores persisten en esta idea señalando también que:

> [§] 2.3.1. Una instancia pedagógica sólo dispone de la AuP que le confiere su poder de legitimar la arbitrariedad cultural que inculca en los límites trazados por esta arbitrariedad cultural, o sea, en la medida en que, tanto en su modo de imposición (modo de imposición legítima) como en la delimitación de lo que impone, de quienes están en condiciones de imponerlo (educadores legítimos) y de aquellos a quienes se impone (destinatarios legítimos), reproduce los principios fundamentales de la arbitrariedad cultural que un grupo o una clase produce como digno de ser reproducido, tan- to por su existencia misma como por el hecho de delegar en una instancia la autoridad indispensable para reproducirlo. (Bourdieu & Passeron, 1996, p. 68)

[§] 2.3.2. En la medida en que el éxito de toda AP es función del grado en el que los receptores reconocen la AuP de la instancia pedagógica y del grado en que dominan el código cultural de la comunicación pedagógica, el éxito de una determinada AP en una formación social determinada está en función del sistema de relaciones entre la arbitrariedad cultural que impone esta AP, la arbitrariedad cultural dominante en la formación social considerada y la arbitrariedad cultural inculcada por la primera educación en los grupos o clases de donde proceden los que sufren esta AP (prop. 2.1.2, 2.1.3, 2.2.2 y 2.3). (Bourdieu & Passeron, 1996, p. 70)

[§] 2.3.2.1. En una formación social determinada, el éxito diferencial de la AP dominante según los grupos o las clases está en función: I) del ethos pedagógico propio de un grupo o una clase, o sea, del sistema de disposiciones que se refieren a esta AP y de la instancia que la ejerce como producto de la interiorización (a) del valor que la AP dominante confiere mediante sus sanciones a los productos de las diferentes AP familiares, y (b) del valor que, mediante sus sanciones objetivas, los diferentes mercados sociales confieren a los productos de la AP dominante según el grupo o la clase del que proceden, y 2) del «capital cultural», o sea, de los bienes culturales que transmiten las diferentes AP familiares y cuyo valor como capital cultural está en función de la distancia entre la arbitrariedad cultural impuesta por la AP dominante y la arbitrariedad cultural inculcada por la AP familiar en los diferentes grupos o clases (prop. 2.2.2, 2.3.1.2 y 2.3.2). (Bourdieu & Passeron, 1996, p. 71)

De tal suerte, niegan la posibilidad de un orden espontáneo señalado en el epígrafe IV de la sección predecesora, resaltando:

[§] 3. Como imposición arbitraría de una arbitrariedad cultural que presupone la AuP, o sea, una delegación de autoridad (en el sentido de 1 y 2), que implica que la instancia pedagógica reproduzca los principios de la arbitrariedad cultural que un grupo o una clase impone presentándolos como dignos de ser reproducidos tanto por su misma existencia como por el hecho de delegar en una instancia la autoridad indispensable para reproducirla (prop. 2.3 y 2.3.1), la AP implica el trabajo pedagógico (TP) como trabajo de inculcación con una duración, suficiente para producir una formación duradera, o sea, un habitus como producto de la interiorización de los principios de una arbitrariedad cultural capaz de perpetuarse una vez terminada la AP y, de este modo, de perpetuar en las prácticas los principios de la arbitrariedad interiorizada. (Bourdieu & Passeron, 1996, p. 72)

Con sus respectivos corolarios:

[§] 3.3.1.1. Un modo de inculcación determinado se caracteriza (en el aspecto considerado en la prop. 3.3.1) por la posición que ocupa entre 1) el modo de inculcación dirigido a realizar la sustitución completa de un habitus por otro (conversión), y 2) el modo de inculcación dirigida a confirmar pura y simplemente el habitus primario (mantenimiento o reforzamiento) (Bourdieu & Passeron, 1996, p. 84)

[§] 3.3.2.1. Un modo de inculcación determinado, o sea, el sistema de medios por los que se produce la interiorización de una arbitrariedad cultural, se caracteriza (en el aspecto considerado en la prop. 3.3.2.) por la posición que ocupa entre 1) el modo de inculcación que produce un habitus mediante la inculcación inconsciente de principios que sólo se manifiestan en estado práctico y en la práctica impuesta (pedagogía implícita) y 2) el modo de inculcación que produce el habitus mediante la inculcación metódicamente organizada como tal de principios formulados e incluso formalizados (pedagogía explícita). (Bourdieu & Passeron, 1996, p. 87)

[§] 3.3.3.2. Dado que, en el tipo de formación social definido en 3.3.3.1., el TP secundario dominante que recurre a un modo de inculcación tradicional (en el sentido de las prop. 3.3.1.3. y 3.3.2.3.) tiene una productividad específica tanto más reducida cuando se ejerce sobre grupos o clases que ejercen un TP primario más alejado del TP primario dominante que inculca, entre otras cosas, un dominio práctico con dominante verbal, un TP como éste tiende a producir, en y por su mismo ejercicio, la delimitación de sus destinatarios realmente posibles, excluyendo a los distintos grupos o clases tanto más rápidamente cuanto más desprovistos están del capital y del ethos objetivamente presupuestos por su modo de inculcación. (Bourdieu & Passeron, 1996, p. 91)

[§] 3.3.3.3. Dado que, en el tipo de formación social definido en 3.3.3.1., el TP secundario dominante que, recurriendo a un modo de inculcación tradicional, se define por no producir completamente las condicione^ de su productividad, puede realizar su función de eli. minación sólo con abstenerse, un TP como éste tiende a producir no solamente la delimitación de sus desti. natarios realmente posibles, sino también el descono, cimiento de los mecanismos de esta delimitación, o sea, tiende a hacer reconocer sus destinatarios de hecho como destinatarios legítimos y la duración de la inculcación a la que están sometidos de hecho los diferentes grupos o clases como duración legítima de inculcación. (Bourdieu & Passeron, 1996, pp. 91-92)

[§] 3.3.3.4. Dado que, en el tipo de formación social definido en 3.3.3.1., el TP secundario dominante que recurre a un modo de inculcación tradicional no inculca explícitamente los presupuestos que constituyen la condición de su productividad específica, ese TP tiende a producir por su mismo ejercicio la legitimidad del modo de posesión de las adquisiciones previas cuyo monopolio está en manos de los grupos o clases dominantes porque tienen el monopolio de modo de adquisición legítimo, o sea, de la inculcación, por un TP primario, de los principios en estado práctico de la cultura legítima (relación ilustrada con la cultura legítima como relación de familiaridad). (Bourdieu & Passeron, 1996, p. 93)

[§] 3.3.3.5. Dado que, en el tipo de formación social definido en 3.3.3.1., el TP secundario dominante que recurre a un modo de inculcación tradicional no inculca explícitamente los presupuestos que constituyen la condición de su productividad específica, ese TP supone, produce e inculca, en y por su mismo ejercicio, ideologías que tienden a justificar la petición de principio que constituye la condición de su ejercicio (ideología del don como negación de las condiciones sociales de producción de las disposiciones ilustradas). (Bourdieu & Passeron, 1996, p. 93)

VII

Gracias a los argumentos aportados, es posible afirmar que el Sistema de proposiciones lógico-simbólicas que supone la *Teoría de la violencia simbólica*, como parte de las hipótesis especiales que pretenden salvar de la crítica al *materialismo histórico*, falla radical y rotundamente en su cometido. Sin menospreciar la originalidad de los autores al plasmar esta hipótesis *ad hoc* para sustentar al núcleo de su doctrina, los avances epistemológicos muestran los problemas que esta causa, que lejos de solventar las debilidades del sistema marxiano, efectivamente reducen a esta escuela al añejo dogmatismo idealista.

De igual manera, como es costumbre en esta escuela neo estructuralista, los autores intentan agotar todos los enunciados portadores de sentido en cuanto corresponde al orden espontáneo de la 'sociedad civil', borrando de un plumazo el resto de teorías, no solo contrarias a su sistema, sino incluso complementarias, cayendo en el vicio de la *irrefutabilidad*, por cuanto los escolios de esta teoría encuentran confirmaciones de su propia realidad en cada correlación sociológica.

Por último, echamos de menos que este tipo de autores hagan uso de una prosa enrevesada empero de una prosa nítida, aun cuando han hecho el gran esfuerzo de sistematizar cada una de las proposiciones que conforman su aportación teorética.

REFERENCIAS

Alvarez, A. (1996). El constructivismo estructuralista: La teoría de las clases sociales de Pierre Bourdieu. *Reis*, (75), 145–172. https://doi.org/10.2307/40184032

Bourdieu, P. (1985). The social space and the genesis of groups [El espacio social y la génesis de los grupos]. *Theory and Society, 14*(6), 723–744. https://doi.org/10.1007/BF00174048

Bourdieu, P. (1986). The Forms of Capital. [Las formas del capital]. En J. G. Richardson (Ed.), *Handbook of Theory and Research for the Sociology of Education* (pp. 241–258). Westport: Greenwood Press.

Bourdieu, P. (2013). Symbolic capital and social classes [Capital simbólico y clases sociales]. *Journal of Classical Sociology, 13*(2), 292–302. https://doi.org/10.1177/1468795X12468736

Bourdieu, P., & Passeron, J.-C. (1996). *La reproducción: Elementos para una teoría del sistema de enseñanza* (2.ª ed.). México, D.F.: Fontamara.

Giddens, A. (1996). *La estructura de las clases en las sociedades avanzadas* (1.ª ed., reimp.; J. Bollo, trad.). Madrid: Alianza.

Giddens, A. (2014). Estratificación y clase social. En F. Muñoz de Bustillo (Trad.), *Sociología* (6.ª ed., pp. 462–509). Madrid: Alianza.

Hoppe, H.-H. (1993). *The Economics and Ethics of Private Property. [La economía y la ética de la propiedad privada].* https://doi.org/10.1007/978-94-015-8155-4

Itoh, M. (1988). *The Basic Theory of Capitalism: Forms and Substance of the Capitalist Economy. [La teoría básica del capitalismo: formas y sustancia de la economía capitalista].* https://doi.org/10.1007/978-1-349-19107-9

Marx, K. (2008). *Contribución a la crítica de la economía política* (9.ª ed.; J. Tula, ed.; J. Tula, L. Mames, P. Scaron, M. Murmis, & J. Aricó, trads.). México, D.F.; Madrid: Siglo XXI. (Trabajo original publicado en 1859).

Marx, K. (2013). *El Capital* [versión Kindle]. Viena: e-artnow. Recuperado de https://www.amazon.com (Trabajo original publicado en 1867).

Neurath, O. (1986). Sociología en fisicalismo. En A. J. Ayer (Ed.), & L. Aldama, U. Frisch, C. N. Molina, F. M. Torner, & R. Ruiz (Trads.), *El positivismo lógico* (1.ª ed., reimp., pp. 287–322). México, D.F.: Fondo de Cultura Económica.

Nowak, L. (1983). *Property and Power: Towards a Non-Marxian Historical Materialism. [Propiedad y poder: Hacia un materialismo histórico no marxista].* https://doi.org/10.1007/978-94-009-6949-0

Perrin, P. (2005). Hermeneutic economics: Between relativism and progressive polylogism [Economía hermenéutica: entre el relativismo y el polilogismo progresivo]. *The Quarterly Journal of Austrian Economics, 8*(3), 21–38. https://doi.org/10.1007/s12113-005-1032-3

Popper, K. R. (1971). Conjectural knowledge: My solution of the problem of induction [Conocimiento conjetural: Mi solución al problema de la inducción]. *Revue Internationale de Philosophie, 25*(95/96 (1/2)), 167–197. Recuperado de http://www.jstor.org/stable/23940631

Popper, K. R. (1980). *La lógica de la investigación científica* (1.ª ed., reimp.; V. S. de Zavala, trad.). Madrid, España: Tecnos.

Popper, K. R. (1991). La ciencia: Conjeturas y refutaciones. En N. Míguez (Trad.), *Conjeturas y refutaciones: El desarrollo del conocimiento científico* (1.ª ed., reimp., pp. 57–93). Barcelona; Buenos Aires: Paidós.

Popper, K. R. (2006). *La miseria del historicismo* (1.ª ed., reimp.; P. Schwartz, trad.). Madrid: Alianza.

Robinson, J. (1966). *An Essay on Marxian Economics. [Un ensayo sobre la economía marxista]* (2.ª ed.). https://doi.org/10.1007/978-1-349-15228-5

Robinson, J. (1979). La composición orgánica del capital. *El Trimestre Económico, 46*(183(3)), 747–761. Recuperado de http://www.jstor.org/stable/23394714

von Böehm-Bawerk, E. (1898). *Karl Marx and the close of his system: A criticsim. [Karl Marx y el cierre de su sistema: Una crítica].* Londres: T. Fisher Unwin.

von Böehm-Bawerk, E. (1983). Una Contradicción no Resuelta en el Sistema Económico Marxista. *Estudios Públicos,* (10), 167–211. Recuperado de https://www.cepchile.cl/la- critica-de-la-escuela-austriaca-al-socialismo/cep/2016-03-03/183420.html

von Hayek, F. A. (2008). El orden de mercado o catalaxia. En J. Huerta de Soto (Ed.), *Lecturas de Economía Política* (2.ª ed., Vol. II, pp. 191–211). Madrid: Unión Editorial.

von Mises, L. (1986). *La acción humana: Tratado de economía* (4.ª ed.; J. Reig, trad.). Madrid: Unión Editorial.

Notas

---

[1] *Cfr.* nuestro "«Clases sociales», Salud Pública y 'neoliberalismo' en México, 1930-2000: Hacia una metodología accional-subjetivista", Documento de trabajo, Universidad Veracruzana SEA, 2019.

[2] *Cfr.* nuestro "Excurso sobre Ricardo Flores Magón: El programa anarquista mexicano, 1904-1913", Documento de trabajo, Universidad Veracruzana SEA, 2019. Véanse también nuestros "Excurso sobre el concepto de explotación en la obra 'Germinal' de É. Zola: Una lectura contemporánea del debate marginalista", Documento de trabajo, Universidad Veracruzana SEA, 2018; y "«Estratificación y clase social»: *Critical review* del capítulo homónimo en Sociología, de A. Giddens & P. W. Sutton", Documento de trabajo, Universidad Veracruzana SEA, 2019.

[3] «Clases sociales», Salud Pública y 'neoliberalismo'…, §§ 1 y 2; Excurso sobre el concepto de explotación…, en especial § II.

[4] Para la crítica completa del autor al sistema marxiano, *cfr.* von Böehm-Bawerk, 1898.

[5] *«Clases sociales», Salud Pública y 'neoliberalismo'*…, § 1, epígrafe 1; véanse también nuestros "Excurso sobre el concepto de «Ciencia»: Constructivismo en ciencias sociales", Documento de trabajo, Universidad Veracruzana SEA, 2018; y *Excurso sobre el concepto de «modernidad»*, en "Nupcialidad y su 'estructura significativa' en el contexto de la «modernidad»: Una lectura desde la Escuela Austriaca sobre las tendencias de nupcialidad en México, 1930-2010", Documento de trabajo, Universidad Veracruzana SEA, 2019.

[6] *Excurso sobre Ricardo Flores Magón*…, § III.

[7] *Excurso sobre el concepto de modernidad*, en especial nota 15.

[8] *«Clases sociales», Salud Pública y 'neoliberalismo'*…, § 1, en especial epígrafe III y ss.

[9] *Cfr.* von Hayek, trad. en 2008.

[10] *Cfr.* Hoppe, 1993, capítulos 4 y 5.

[11] *«Clases sociales», Salud Pública y 'neoliberalismo'*…, § 4, epígrafe XXI, párr. 3. Véase también la Ilustración 1: *"Prolegómenos bourdieuianos"* del mismo epígrafe, en dónde sintetizamos los presupuestos neoestructuralistas del autor galo.

«Globalización, sociedad y política en la era de la información»

El surgimiento de la sociedad de redes

E STA DIGRESIÓN es formalmente un *Review Essay* sobre la tesis vertida en la antepenúltima obra de Manuel Castells, concretamente en volumen dedicacado a *'The Rise of the Network Society'*. Dado que contamos tanto con el libro original como con un ensayo crítico sobre este, y elaborado por su autor, hemos decidido abordar nuestro trabajo haciendo una lectura simultánea de ambos textos, puesto que, parafraseándole, nuestro objetivo es examinar justamente las propuestas correspondientes al nuevo paradigma tecno-económico de desarrollo, o supuesto tal, basado en la 'redes de información'; las cuales, según el autor, se han convertido en la principal forma estructural para la formulación y el ejercicio del poder social.

I

MANUEL CASTELLS, doctor en sociología por las Universidades de París y Madrid, es profesor de investigación de sociología del Consejo Superior de Investigaciones Científicas en Barcelona, y miembro de la Academia Europea y el Alto Comité de Expertos sobre la Sociedad de la Información nombrado por la Comisión Europea. Ha sido catedrático de sociología y planificación urbana y regional de la Universidad de California en Berkeley, catedrático y director del Instituto Universitario de Nuevas Tecnologías de la Universidad Autónoma de Madrid. Anteriormente fue Profesor Agregado de sociología de la Escuela de Altos Estudios en Ciencias Sociales de París, y Profesor Visitante en la Universidades de Wisconsin, Boston, Copenhague, Montreal, Metropolitana de México, y Católica de

Chile. Es presidente del Comité de investigación urbana de la Asociación Internacional de Sociología. De Castells han sido publicados en lengua castellana los libros: *Problemas de investigación en sociología urbana* (1971), *Movimientos sociales urbanos* (1974), *La lucha de clases en Chile* (1975), *Ciudad, democracia y socialismo* (1977), *La teoría marxista de las crisis económicas y las transformaciones del capitalismo* (1978), *Crisis urbana y cambio social* (1981), *Capital multinacional, estados nacionales, comunidades locales* (1981) y *La era de la información: Economía, sociedad y cultura* (1999) en tres tomos: *La sociedad red*; *El poder de la identidad*; y *Fin de milenio*, entre otros; así como una miríada de artículos académicos, siendo el primer volumen de la trilogía *La era de la información* el objeto de nuestro estudio.

Consecuente con su producción literaria, nuestro autor continua con la evolución orgánica de sus ideas, que si bien nunca han abandonado el marxismo recalcitrante, han sufrido una transición desde la inquisición en cierto modo micro-sociológica, propia de sus textos clásicos de desarrollo urbano y ecología humana[1], hacia los planteamientos 'estructuralistas' cada vez más macro-sociológicos, concomitantes al principio de *alienación*; pero manteniendo, en todos los casos, los vicios metodológicos propios de su doctrina pese a que tal sistema de proposiciones lógico-simbólicas se ha demostrado falaz, o cuanto menos componen estas una serie de inexactitudes epistemológicas, tal y como lo hemos apuntado hasta la saciedad[2]. De tal suerte, nuestro autor abona artificiosamente con este texto a la *hipótesis de la plusvalía* porque

> En el fondo se [esta] trata[ndo] de algo ya ocurrido en el marxismo, cuyos análisis clásicos partieron del capitalismo inglés, americano y algunos más, haciendo que los marxistas hayan permanecido durante el resto de la historia tratando de adaptar su teoría a las excepciones, cada vez más numerosas: todo eran excepciones menos la Inglaterra Victoriana. (Castells, 2000, p. 43)

En este sentido, encontramos como elementos comunes con la tradición marxista, en nuestro sentido mentado[3], el lenguaje «fisicalista»[4] *ad hoc* con el *materialismo histórico*, ie, el «historicismo» pronaturalista[5]. Lo anterior a razón de que

> en un programa de investigación progresivo, la teoría conduce a descubrir hechos nuevos hasta entonces desconocidos. Sin embargo, en los programas regresivos las teorías son fabricadas sólo para acomodar los hechos ya conocidos. Por ejemplo, ¿alguna vez ha predicho el marxismo con éxito algún hecho nuevo? Nunca. Tiene algunas famosas predicciones que no se cumplieron. Predijo el empobrecimiento absoluto de la clase trabajadora. Predijo que la primera revolución socialista sucedería en la sociedad industrial más desatollada. Predijo que las sociedades socialistas estarían libres de revoluciones. Predijo que no existirían conflictos de intereses entre países socialistas. Por tanto, las primeras predicciones del marxismo eran audaces y sorprendentes, pero fracasaron. Los marxistas explicaron todos los fracasos: explicaron la elevación de niveles de vida de la clase trabajadora creando una teoría del imperialismo; incluso explicaron las razones por las que la primera revolución socialista se había producido en un país industrialmente atrasado como Rusia. «Explicaron» los acontecimientos de Berlín en 1953, Budapest en 1956 y Praga en 1968. «Explicaron» el conflicto ruso-chino. Pero todas sus hipótesis auxiliares fueron manufacturadas tras los acontecimientos para proteger a la teoría de los hechos. (...)
>
> Para resumir: (...) si la teoría se retrasa con relación a los hechos, ello significa que estamos en presencia de programas de investigación pobres y regresivos. (Lakatos, 1989, pp. 14-15)

II

Concomitantemente, si tomamos esta obra como un todo, nuestro autor ha pretendido plasmar en sus más de 1,500 páginas el marco de transformaciones asociadas a la «era de la información» y consustanciales a la *economía*, la *sociedad*, y la *cultura*, como bien nos sugiere su título (Jones, 2002, p. 74). Siguiendo con la clausula protocolar del lenguaje «fisicalista», nuestro autor presenta 'evidencia empírica', o supuesta tal, de una variedad de fuentes, cubriendo con ello el colapso de la Unión Soviética, el surgimiento del sudeste asiático, la globalización de la producción, el fundamentalismo religioso, los cambios en la geografía de las ciudades, el surgimiento de las redes criminales mundiales y una gran cantidad de otros fenómenos (Nightingale, 2003, p. 1142). De igual manera, haciendo honor al rancio «historicismo» marxista, la tesis fundamental del texto es la existencia de un supuesto

> new techno-economic paradigm based on information networks has generated a new mode of development. This new mode of development —informationalism— is driven by "the action of knowledge upon knowledge" and is orientated towards technological development and further knowledge generation. This can be contrasted with the previous *industrial* mode of development which was orientated towards energy use and growth. Since IT networks provide the material foundation for Castells' society, networks become the major structural form through which social power is formulated and exercised. Power resides in social networks whose members can exploit the ability of IT systems to flexibly adapt to new opportunities. (Nightingale, 2003, p. 1142)

De ahí que, a riesgo de ser reiterativos, las tres categorías fundamentales de la economía contemporánea que encuentra nuestro autor —a saber: los conceptos de α) economía informacional; de β) economía que funciona en redes; y de γ) economía globalizada— no son otra cosa que «heurísticas positivas»[6] por cuanto constituyen una hipótesis auxiliar para librar de la «crítica» al núcleo duro del sistema marxiano, ie, una 'estratagema convencionalista' al uso[7]; cayendo, pues, al igual que el resto de las elaboraciones de este sistema de pensamiento, en el consabido vicio de la *irrefutabilidad*.

III

Nuestra polémica contra sendas hipótesis auxiliares esta sustentada por el amplio despliegue teórico sobre los fenómenos *económico-sociales* que hace propio de suyo la Teoría Austriaca del Ciclo Económico[8]. Esto a razón de que (α) nuestro autor está obviando de manera desafortunada el papel primordial del empresario [9] y del *uso del conocimiento en sociedad*, parafraseando a von Hayek (1997), cuando aquel afirma que "los dos elementos importantes de cualquier economía, la productividad y la competitividad, dependen fundamentalmente de la capacidad de adquirir conocimiento y de procesar información" (Castells, 2000, p. 44); pues si bien es cierto que el empresario emplea la capacidad racional de su acción en pro de la elección de medios y fines para la consecución de su esfuerzo, haciendo uso de la información que se encuentra dispersa entre los diferentes agentes económico-sociales con los cuales coopera y compite en *su* sociedad, la perspectiva de nuestro autor mantiene la rancia concepción antropológica que hace propio de suyo al *homo æconomicus* del paradigma neoclásico. Por otra parte, (β) el autor sostiene que

> estamos ante una economía altamente flexible ligada al funcionamiento en redes: el capital está centralizado pero la gestión y la ejecución es altamente descentralizada y funcionando en red. Ello resuelve la aparente paradoja según la cual lo importante ahora son las pequeñas y medianas empresas. (Castells, 2000, p. 45)

Sin embargo, esta idea surge, pues, de los supuestos típico-ideales del marxismo, correspondientes al triunvirato «trabajo-producción-estratificación» expuesto en *Das Kapital*[10]; a saber:

> This specific production process introduces a *new division of labor* that characterizes the emerging informational paradigm. The new division of labor can be better understood by presenting a typology constructed around three dimensions. The *first dimension refers to the actual tasks performed in a given work process. The second dimension concerns the relationship between a given organization and its environment, including other organizations.* The *third dimension considers the relationship between managers and employees in a given organization or network. I call the first dimension value-making, the second dimension relation-making, and the third dimension decisión-making.* (Castells, 2009, p. 259)

En otras palabras: nuestro autor descubre el agua tibia, pues el esquema teórico de una economía de libre mercado, industrial y de servicios por definición, tal como hemos estudiado con anterioridad [11], formaliza aquellas funciones necesarias para asignar de manera espontánea y eficiente todos los recursos productivos de la sociedad con el objeto de satisfacer la *escasez* natural del hombre, a pesar de todas las regulaciones violentas impuestas por el Estado. Así, el mentado *proceso de trabajo* esta condicionado por los «capitales sociales» [12] de cada *empresario social*, ofertantes y demandantes, en tanto que estos son

> a combined set of necessary educational and training labour is potentially stored in the character of the skilled worker and is transferred to the commodity products through his labour (...) without varying its amount just like the value of constant capital. (Itoh, 1988, p. 153)

Hasta ahora podemos deducir que la tesis de este trabajo es una extensión de la *teoría del valor trabajo* desde la perspectiva de los esquemas de reproducción, según la cual las condiciones materiales generales de reproducción deben llevarse a cabo en el proceso de reproducción y circulación del capital social total a través de las relaciones de valor de las mercancías (Itoh, 1988, p. 149).

IV

En este orden de ideas, dicha hipótesis parece estar completamente sujeta a los viejos dogmas de la ideología marxista, pues algo que ya se discutía en los tiempos de su maestro, ie, el consabido «efecto Ricardo»[13], o sea, la tendencia a remplazar la *mano de obra* por bienes de capital[14], parece ser eliminado de la ecuación. Sostiene Castells (2009):

> What *tends* to disappear through integral automation are the routine, repetitive tasks that can be precoded and programmed for their execution by machines. It is the Taylorist assembly line that becomes an historic relic (although it is still the harsh reality for millions of workers in the industrializing world). (pp. 257-258)

Sin embargo, resulta totalmente lamentable el nivel de ignorancia que demuestra nuestro autor con respecto a su propia escuela y a la ciencia económica en general, ya que, como es sabido, su propia doctrina se encuentra fundamentada en buena medida sobre los presupuestos del mismo Ricardo. En otras palabras, nuestro autor, como todo buen marxista, pretende ensalzar las tiranías ur-fascistas propias de las economías centralizadas, v. gr., el socialismo; por cuanto pretende responder entre las líneas de este texto a los interese tiránicos de un orden social que domine los factores primarios de producción y al propio capital, que, por lo demás, en todos los casos, aquellos intentos han sido verdaderas dictaduras criminales. En este sentido, cualquier examen lógico desmantela la rancia ideología socialista sostenida por él, pues justamente el funcionamiento de una sana economía moderna tiene como condición *sine qua non* el hecho de que la demanda del mercado, producto de conglomerar todas las *acciones humanas*, determine la cantidad y calidad de bienes y servicios que la sociedad está dispuesta a consumir en un periodo determinado y a cada uno de los diferentes precios posibles (Morales, 1995, p. 81); dicha adaptación al *laissez-faire* entre distintos tipos de organizaciones sociales, como es el caso de una empresa de capital privado, necesariamente genera riqueza para toda la sociedad en su conjunto, tanto a los consumidores como los productores e inversores; puesto que los primeros obtienen con este proceso de libre mercado más y mejores bienes y servicios a los precios que ellos estan dispuestos a consumir, mientras que los segundos obtienen una determinada rentabilidad por ofrecerlos en las condiciones que los primeros los demandan. Evidentemente, esto no representa ni trata de ser en modo alguno la redención de la humanidad, pero esta es la mejor manera posible para lidiar con el problema de la *escasez* que ha desarrollado el hombre. Solamente un fanático obtuso de las ideas ur-fascistas podría negar esto.

Consecuente con todo lo anterior, (γ) en efecto, quienes hablan de globalización en términos escatológicos son ideólogos dogmáticos y sectarios, contrariamente a lo que el propio Castells asume, pues justamente el libre mercado, de cuño *laissez-faire*, desconoce Estados y fronteras, y solamente se rige por la consabida *mano invisible*, concepto propuesto por Smith (trad. 1996) para la comprensión de un fenómeno sumamente complejo como la economía. Ahora bien, nos ha señalado Rothbard (2009; véase también Huerta de Soto, 2006, capítulos III-V), que es la intervención violenta del Estado sobre los ciclos económicos, a través de monopolios legales como la emisión de moneda fiduciaria, la que crea las distorsiones en la información que recibe el emprendedor para hacer sus descubrimientos y proyectos de inversión, ya que con la manipulación de la tasa de interés resultante de sus prerrogativas jurídicas altera los precios de mercado. Dicha situación obviamente trastoca a las instituciones de transferencia de deuda y de capital que Castells llama burdamente "Los Mercados Financieros", otorgándoles también el derecho para violar sistemáticamente los principios jurídicos del contrato de depósito, y con ello los derechos de propiedad de sus depositantes[15].

V

Finalmente, debido a que las "ilustraciones empíricas" propuestas por nuestro autor convergen, contradictoriamente, en el deleznable eje *metafísico* del sistema marxiano, es decir, en el «justificacionismo» axiológico heredado por los adoctrinadores frankfurtianos, como hemos comentado en otra ocasión [16]; estas 'pruebas empíricas' encuentran su máxima expresión en la concepción de "Economía Global Criminal" (Castells, 2000, p. 48), con el cual nuestro marxista desvaría confundiendo *a*) la positivación del Derecho por parte del Estado y sus concomitantes violaciones sistemáticas a la libertad del hombre con *b*) los sistemas de transferencia de capital que permiten la formación de etapas productivas y de inversión cada vez más profundas; lo cual demuestra que Castells no tiene ni la más mínima idea sobre el comportamiento real de una economía moderna capital-intensiva. En resumen, la perspectiva dogmática del autor le deja ver como un ur-fascista que no solamente ignora por completo el entramado de relaciones *catalácticas* de una sociedad moderna, sino también el desarrollo teórico posterior al paradigma neoclásico, como se ha señalado líneas arriba; quedándose simplemente en el adoctrinamiento comunista; y además, propone retroceder en los avances organizativos en pro de la libertad individual por un sueño roto leninista, en el cual el Estado debe ser el amo y señor de nuestro futuro, cosa absolutamente repudiable.

REFERENCIAS

Castells, M. (2000). Globalización, sociedad y política en la era de la Información. *Bitácora Urbano Territorial*, *1*(4), 42–53. Recuperado de https://revistas.unal.edu.co/index.php/bitacora/article/view/18812

Castells, M. (2009). *The Information Age: Economy, Society, and Culture. The Rise of the Network Society [La era de la información: Economía, sociedad y cultura. El surgimiento de la sociedad en línea]* (2.ª ed., Vol. 1). https://doi.org/10.1002/9781444319514

Castells, M. (2010). *Problemas de investigación en Sociología Urbana* (1.ª ed., reimp.; E. Grilló, trad.). México, D.F.: Siglo XXI.

Castells, M. (2013). *Movimientos sociales urbanos* (3.ª ed., reimp.; I. R. de Solís, trad.). México, D.F.: Siglo XXI.

Castells, M. (2014). *La cuestión urbana* (3.ª ed., reimp.; I. C. Oliván, trad.). México, D.F.: Siglo XXI.

Cisneros, J. M. (2017). Una presentación de los programas de investigación científica propuestos por Lakatos basada en el método alfa beta: Una aproximación a la ciencia económica. *Pensamiento Crítico, 21*(2), 65–82. https://doi.org/10.15381/pc.v21i2.13260

Cova, A., Inciarte, A., & Prieto, M. (2005). Lakatos y los programas de investigación científica: Una opción para la organización investigativa nacional. *Omnia, 11*(3), 83–108. Recuperado de http://www.redalyc.org/articulo.oa?id=73711304

Huerta de Soto, J. (2006). *Dinero, crédito bancario y ciclos económicos* (3.ª ed.). Madrid: Unión Editorial.

Itoh, M. (1988). The Extension of the Theory of the Substance of Value [La extensión de la teoría de la sustancia del valor]. En *The Basic Theory of Capitalism* (pp. 149–194). https://doi.org/10.1007/978-1-349-19107-9_6

Jones, C. (2002). The Information Age: Economy, Society and Culture, 3 vols. [La era de la información: Economía, sociedad y cultura, 3 vols.]. *Information Technology & People, 15*(1), 74–86. https://doi.org/10.1108/itp.2002.15.1.74.3

Kirzner, I. M. (1997). Entrepreneurial Discovery and the Competitive Market Process: An Austrian Approach [Descubrimiento emprendedor y el proceso de mercado competitivo: Un enfoque austriaco]. *Journal of Economic Literature, 35*(1), 60–85. Recuperado de http://www.jstor.org/stable/2729693

Lakatos, I. (1989). *La metodología de los programas de investigación científica* (2.ª ed., reimp.; J. C. Zapatero, trad.). Madrid: Alianza.

Morales, M. (1995). *Microeconomía intermedia*. México, D.F.: Limusa.

Neurath, O. (1986). Sociología en fisicalismo. En A. J. Ayer (Ed.), & L. Aldama, U. Frisch, C. N. Molina, F. M. Torner, & R. Ruiz (Trads.), *El positivismo lógico* (1.ª ed., reimp., pp. 287–322). México, D.F.: Fondo de Cultura Económica.

Nightingale, P. (2003). The Network Society [La sociedad de red]. *Research Policy, 32*(6), 1141–1145. https://doi.org/10.1016/S0048-7333(02)00118-X

Popper, K. R. (1991). La ciencia: Conjeturas y refutaciones. En N. Míguez (Trad.), *Conjeturas y refutaciones: El desarrollo del conocimiento*

científico (1.ª ed., reimp., pp. 57–93). Barcelona; Buenos Aires: Paidós.

Popper, K. R. (2006). *La miseria del historicismo* (1.ª ed., reimp.; P. Schwartz, trad.). Madrid: Alianza.

Rothbard, M. N. (2009). *Man, Economy, and State with Power and Market. [Hombre, Economía y Estado con Poder y Mercado]* (2.ª ed.). Auburn: Ludwig von Mises Institute.

Smith, A. (1996). *La riqueza de las naciones* (1.ª ed., reimp.; C. Rodríguez Braun, trad.). Madrid: Alianza. (Trabajo original publicado en 1776).

von Hayek, F. A. (1948). *Individualism and Economic Order. [Individualismo y orden económico]* (1.ª ed.). https://doi.org/10.7208/chicago/9780226321219.001.0001

von Hayek, F. A. (1969). Three Elucidations of the Ricardo Effect [Tres aclaraciones del efecto Ricardo]. *Journal of Political Economy, 77*(2), 274–285. https://doi.org/10.1086/259514

von Hayek, F. A. (1997). El uso del conocimiento en la sociedad. *Reis,* (80), 215–226. https://doi.org/10.2307/40183924

Zabludovsky, G. (1996). *La escuela de Frankfurt y la crítica a la modernidad: Una introducción al pensamiento de Max Horkheimer y Hebert Marcuse.* México, D.F.: Universidad Nacional Autónoma de México.

NOTAS

[1] *Cfr.* Castells, 2010, 2013, 2014.

[2] *Cfr.* "El Sistema de proposiciones lógico-simbólicas del marxismo. *Review Essay* de «La reproducción: Elementos para una teoría del sistema de enseñanza»", Documento de trabajo, Universidad Veracruzana SEA, 2019.

[3] *Cfr.* nuestro "Excurso sobre el concepto de explotación en la obra 'Germinal' de É. Zola: Una lectura contemporánea del debate marginalista", Documento de trabajo, Universidad Veracruzana SEA, 2018.

[4] *Cfr.* Neurath, 1986.

[5] *Cfr.* Popper, 2006, §§ 11-16.

[6] *Cfr.* Lakatos, 1989, capítulo 1, § 3; véanse también Cisneros, 2017; Cova, Inciarte & Prieto, 2005.

[7] *Cfr.* Popper, 1991, p. 61.

[8] *Cfr.* nuestro "«Clases sociales», Salud Pública y 'neoliberalismo' en México, 1930-2000: Hacia una metodología accional-subjetivista", Documento de trabajo, Universidad Veracruzana SEA, 2019; en especial epígrafes XIV-XX.

[9] *Cfr.* Kirzner, 1997. Véase también nuestro *«Clases sociales», Salud Pública y 'neoliberalismo'...*, § 1, epígrafe II.

[10] *El Sistema de proposiciones lógico-simbólicas...*, epígrafe I.
[11] *«Clases sociales», Salud Pública y 'neoliberalismo'...* epígrafes XIV-XX.
[12] *«Clases sociales», Salud Pública y 'neoliberalismo'...*, § 4.
[13] *Cfr.* von Hayek, 1948, 1969. Véase también Huerta de Soto, 2006, pp. 262 y ss.
[14] *«Clases sociales», Salud Pública y 'neoliberalismo'...*, epígrafe XIV.
[15] *Cfr.* Huerta de Soto, 2006, capítulos I-III.
[16] *Cfr.* nuestro *Excurso sobre el concepto de «modernidad»*, en "Nupcialidad y su 'estructura significativa' en el contexto de la «modernidad»: Una lectura desde la Escuela Austriaca sobre las tendencias de nupcialidad en México, 1930-2010", Documento de trabajo, Universidad Veracruzana SEA, 2018. Véase también Zabludovsky, 1996, pp. 17 y ss.

EXCURSO SOBRE LOS PARADIGMAS EDUCATIVOS

I

EN LA literatura al uso se distinguen dos grandes corrientes teoréticas para el estudio del proceso de enseñanza-aprendizaje; a saber: i) el paradigma conductista; y ii) el paradigma cognitivo. Si bien la doctrina introspectiva, como la célebre técnica socrática de la Mayéutica, dominó en buena parte de la historia, hacia comienzos del siglo XX se gestó la escuela conductista; dicha tendencia pugnaba contra aquella teoría alegando por la cuantificación y objetivación de los métodos educativos, muy probablemente influenciada por el desarrollo epistemológico de la época, es decir, el «positivismo».

De tal suerte, los autores de esta doctrina, de cuño inductivo, entienden a la educación como el proceso por el cual se modifica la conducta del objeto de este gracias a la aplicación de estímulos que crean la respuesta buscada en el objeto, todo ello apelando a la memorización de estos patrones. Por otra parte, hacia la década de los 60's del siglo pasado, surgieron planteamientos educativos que apuntan hacia aspectos tales como la atención, la percepción, la inteligencia, el lenguaje, el pensamiento y, por supuesto, la memoria; todos ellos elementos propios de la cognición del hombre. Estamos hablando, pues, del paradigma cognitivo. Destacan de entre otros autores de esta escuela Piaget por su teoría psicogenética, Ausubel por la teoría sobre el aprendizaje significativo, los autores de la teoría de la Gestalt, Bruner y el aprendizaje por descubrimiento, y por ser precursor de esta doctrina Vygotsky.

Es algo muy particular de esta corriente la asimilación de interna de todas las perspectivas epistemológicas de estos autores, destacando: a) el procesamiento de la información sensible del objeto educativo; b) la diversidad de esquemas interpretativos de la realidad por parte del objeto educativo; y c) su talante «relativista». En este orden de ideas, contrario al enfoque mecanicista del paradigma conductista, para los 'cognitivistas' el proceso de enseñanza-aprendizaje supone una relación sujeto-sujeto, donde alumno es un sujeto activo que resuelve problemas acompañado de un maestro, en tanto sujeto didáctico, que le guía en la construcción de su conocimiento. En otras palabras, para los conductistas este proceso resulta en una relación sujeto-objeto a un nivel desarrollista.

De Vygotsky, al ser el autor seminal de este programa de investigación, destaca su igualmente original concepción «sujeto-sujeto-medio» sobre el método, ie, la dependencia del proceso de enseñanza-aprendizaje a una cultura dada, que es por definición histórico-social. Lo anterior lo deduce nuestro autor del principio de Zona de Desarrollo Próximo, esto es, la capacidad del sujeto para resolver de manera independiente un problema de la mano de otro sujeto más capaz. Por lo tanto, el alumno, como sujeto social, troquela su conocimiento desde las aportaciones culturales del maestro.

II

El currículo, en tanto proyecto, se ve necesariamente influido por las teorías de la enseñanza someramente descritas líneas arriba; lo anterior es a razón de que este cumulo de conocimientos y aquel proceso son parte de un solo desarrollo: la educación. Concomitantemente, ambos se retroalimentan en una relación no causal de la cual se desprenden «filosofías» o sistemas de pensamiento que influyen a la práctica pedagógica. Así, esas formulaciones le confieren 'racionalidad' a las decisiones inherentes a este tipo de acción social. Con base a estas razones, y siguiendo una perspectiva ecléctica, tal organismo complejo teórico-práctico se desarrolla bajo cuatro grandes categorías; a saber: *1.* el planteamiento clásico, propio de la asociación asignatura-currículo; *2.* centralizada en el alumno, o sea, aquella que se preocupa por la manera en la que aprende el sujeto; *3.* visión tecnológica, o «eficientista», ie, la evaluación del sistema escolar; y *4.* la retroalimentación teórico-práctica, que recupera la dimensión histórica, sociocultural y política concretos de la práctica educativa.

Como se puede observar, α) el paradigma conductista está muy relacionado con [1] y [3], pues su perspectiva mecanicista y cuantitativa permite la prescripción de prácticas docentes y procesos definidos; mientras que, evidentemente, β) el paradigma cognitivo está ligado a [2] y [4], ya que la primera se ocupa de las categorías de la sensibilidad del sujeto, mientras que en la segunda se privilegia el valor histórico-social.

Capital humano de la Universidad Veracruzana en el padrón del Sistema Nacional de Investigadores, 2008-2012.

El impacto del programa curricular del MEIF

en la calidad educativa

Resumen

NUESTRA INVESTIGACIÓN tuvo por objeto cuantificar el impacto del Modelo Educativo Integral y Flexible [MEIF] sobre la calidad de investigación producida en la Universidad Veracruzana [UV] a través de su stock de Capital humano adscrito en el Padrón del Sistema Nacional de Investigadores [SNI] para el quinquenio 2008-2012; esto se logró gracias a los indicadores estadísticos institucionales proporcionados por la Dirección General de Investigaciones [DGI], la Secretaría de Administración y Finanzas [SAF], y la Secretaría de Desarrollo Institucional [SDI]. Dichos datos representan los perfiles docentes distribuidos en las diferentes dependencias que ofertan los Programas Educativos [PE] con los que se atendió tanto a la población estudiantil de nuestra Universidad como a la producción científica original en las cinco regiones que componen a nuestra *alma mater* para el periodo señalado. Los resultados obtenidos con esta metodología muestran que el MEIF en tanto proyecto curricular ha impactado positivamente en el desarrollo de perfiles docentes enfocados en la producción científica y artística dentro de la Universidad Veracruzana debido a la existencia de una amplia gama de creadores artísticos, investigadores y candidatos al Sistema.

PALABRAS CLAVE: CAPITAL HUMANO, CALIDAD EDUCATIVA, UV, SNI, MEIF.

Introducción

EL MODELO Educativo Integral y Flexible [MEIF] es una innovación de la Universidad Veracruzana [UV] en el ámbito del diseño curricular de la educación formal universitaria, pues propone la organización del proceso de enseñanza-aprendizaje a través de tres ejes integradores de la *formación integral* del alumno; a saber: *1*. eje teórico-epistemológico; *2*. eje heurístico; y *3*. eje axiológico (Beltrán, 2012, p. 3). En este sentido, por *formación integral* se entienden aquellos procesos educativos informativos y formativos que buscan "desarrollar, equilibrada y armónicamente, diversas dimensiones del sujeto que lo lleven a formarse en lo intelectual, lo humano, lo social y lo profesional" (Beltrán, 1999, p. 22). De tal suerte, podemos afirmar que la visión de este planteamiento curricular en tanto proyecto —es decir, la "concreción pedagógica de la cultura, la ciencia, el arte y la técnica" (Casarini, 2005, p. 12)— tiene como fundamento del aprendizaje a las «experiencias educativas»(Casarini, 2005, pp. 18 y ss.); esto a razón de que los contenidos de las diferentes Áreas de Formación [AF] buscan, en líneas generales, la transversalidad, la estandarización y los estudios 'multidisciplinarios' dentro de un marco cultural dado.

Así, los diversos Programas Educativos [PE] ofertados por nuestra Universidad se estructuran en Experiencias Educativas [EE] distribuidas en las AF correspondientes a cada plan de estudios. En otras palabras, tenemos que el carácter 'flexible' de este currículo se corresponde con sendas AF, mismas que le permiten al alumno desarrollar, bajo los lineamientos marcados por la Institución, las «experiencias» necesarias para la construcción del conocimiento significativo; p. ej., en el caso del nivel Licenciatura, el MEIF provee de cuatro AF, o sea, *i*) el Área de Formación Básica, dividida entre el Área de Formación Básica General [AFBG] y el Área de Iniciación a la Disciplina [AID]; *ii*) el Área de Formación Disciplinar [AFD]; *iii*) el Área de Formación de Elección Libre [AFEL]; y *iv*) el Área de Formación Terminal [AFT]; todas ellas enfocadas en la progresión del estudiante hacia su *formación integral*.

Como es evidente, el MEIF es un factor clave en la calidad de la educación brindada por la Universidad en su amplio abanico de PE, ya que esta estructura funcional del currículo permite el aprovechamiento óptimo de los recursos institucionales por cuanto organiza a todos los agentes sociales inmersos en el proceso de enseñanza-aprendizaje con el objeto de lograr en el alumno su *formación integral.* Lo anterior quiere decir que el MEIF redunda en los aspectos 'formativos' antevistos, por un lado, y en la departamentalización de su Capital humano, ie, los perfiles docentes con los cuales se lleva a cabo este programa. Por tanto, resulta necesario esclarecer los avances que este proyecto curricular ha traído consigo en ámbito de la docencia y la investigación, pues la compenetración de docentes-investigadores y currículo es indisociable en un sistema educativo potente. Por ello el objeto de nuestra investigación es cuantificar el impacto del MEIF sobre la calidad de investigación producida en la UV a través de su *stock* de Capital humano adscrito en el Padrón del Sistema Nacional de Investigadores [SNI] para el quinquenio 2008-2012, pues esta muestra estadística se encuentra a diez años de la implementación de este proyecto curricular y nos servirá de parámetro para cuantificar, en investigaciones ulteriores, los avances en este rubro.

METODOLOGÍA

Se seleccionaron materiales estadísticos para el periodo 2008-2012 a través de la Coordinación Universitaria de Transparencia, Acceso a la Información y Protección de Datos Personales [CUTAI], correspondientes a la *1.* información sobre el personal académico de la UV por criterios de *a*) tiempo de dedicación, ie, *i*) tiempo completo, *ii*) medio tiempo, *iii*) por horas, y *b*) por región a la que pertenece la dependencia de su adscripción, a saber: *i*) Xalapa, *ii*) Veracruz, *iii*) Orizaba-Córdoba, *iv*) Poza Rica-Tuxpan, y *v*) Coatzacoalcos-Minatitlán; así como *2.* el costo promedio estimado en moneda nacional para la impartición de todos los PE del MEIF por criterio de matrícula total de alumnos atendida en dichos programas, toda esta información estando en posesión de la Secretaría de Administración y Finanzas [SAF] (2019a, 2019b). De la misma manera, se requirió a la Secretaría de Desarrollo Institucional [SDI] (2019) *3.* las estadísticas de la matrícula total de alumnos para este periodo por criterio de *a*) nivel de educación formal, *b*) área académica de la dependencia de adscripción, a saber: *i*) Área de Artes, *ii*) Área de Ciencias Biológico-Agropecuarias, *iii*) Área de Ciencias de la Salud, *iv*) Área de Humanidades, *v*) Área Económico-Administrativa, y *vi*) Área Técnica; así como por *c*) región a la que pertenece la dependencia de adscripción. Sendas variables son componentes independientes de nuestra unidad de análisis. Por otro lado, se solicitó a la Dirección General de Investigaciones [DGI] (2019), a modo de variable dependiente, 4. el número de docentes-investigadores activos en el Padrón del SNI por criterio de *a*) área académica y/o sistema de enseñanza de la dependencia de adscripción, estos últimos son el *i*) Sistema de Enseñanza Abierta [SEA], la *ii*) Universidad Veracruzana Intercultural [UVI], *iii*) la propia DGI, y la *iv*) Secretaría técnica de Rectoría; de igual manera se contempla el criterio de *b*) región a la que pertenece la dependencia de adscripción, y *c*) el nivel de cada docente-investigador en el SNI. Además de esto último, a razón de que nuestra Casa de Estudio cuenta con prestigiados PE en el ámbito artístico, 5. se consideraron también los datos sobre los Creadores Artísticos de nuestra Universidad empadronados en el Sistema Nacional de Creadores de Arte proporcionados por esta instancia.

En este sentido, α) los nombres de las dependencias de nuestra *alma mater* se han modificado a su denominación actual, manteniendo en todos los casos la mayor congruencia posible a fin de observar el comportamiento de la población estudiada; v. gr., el otrora 'Departamento de Inteligencia Artificial' se ha cambiado por el nombre actual, es decir, 'Centro de Investigación en Inteligencia Artificial', por lo cual se entiende que el hipotético crecimiento o decrecimiento del primero es antecesor del segundo; no obstante, β) debido a que la SAF no genera un archivo histórico del grado académico del Capital humano de la UV, no contamos con estadística confiable que nos permita comparar la competencia de docentes-investigadores para este periodo con respecto a la población sujeta a estudio, carencia que suplimos solo con la variable de personal a tiempo completo pese a que los lineamientos del SNI requieren postgrado además de la dedicación a tiempo completo, entre muchos otros criterios; por otro lado γ) el costo promedio estimado para la impartición de todos los PE del MEIF se contempla por periodos semestrales debido a que esta modalidad es una peculiaridad del proyecto curricular de la UV, además, dichos montos se ha expresado a precios de febrero del 2013 empleando la tasa de inflación obtenida por la calculadora de inflación del Instituto Nacional de Estadística y Geografía [INEGI] (2019); para tal fin, se calculó la tasa de inflación de febrero de cada periodo escolar con respecto a febrero del 2013, obteniendo como resultado un 24.02% de inflación para los precios del primer periodo escolar considerado, es decir, de febrero del 2008 a febrero del 2013, 16,78% para el segundo periodo, 11,4% para el tercero, 7,56% para el siguiente, y 3,55% para el último periodo, en otras palabras, de febrero del 2012 a febrero de 2013. Así, los costos de estos periodos escolares pueden ser equiparables y servir de variable de control; finalmente δ) se han considerado la matrícula total de alumnos en todo los PE de grado y postgrado impartidos en la UV para obtener datos brutos que nos permitan hacer las inferencias correspondientes. Para todo lo anterior se han desarrollado estadísticas descriptivas computarizadas y gráficos bidimensionales que permitan reflejar nuestros resultados.

RESULTADOS

Con la información institucional recabada encontramos un crecimiento constante en la plantilla de profesores de la UV pues para el cierre del 2009 había 6 013 académicos en activo, población que creció a 6 029 catedráticos en 2010, mientras que para 2011 hubo 6 891 docentes, personal que llegó hasta los 6 996 empleados para el 2012, población que creció un 14% de inicio a cierre del periodo estudiado. De tal suerte, la distribución de dicho personal académico de la UV por tiempo de dedicación para el periodo mentado se distribuye de la siguiente manera:

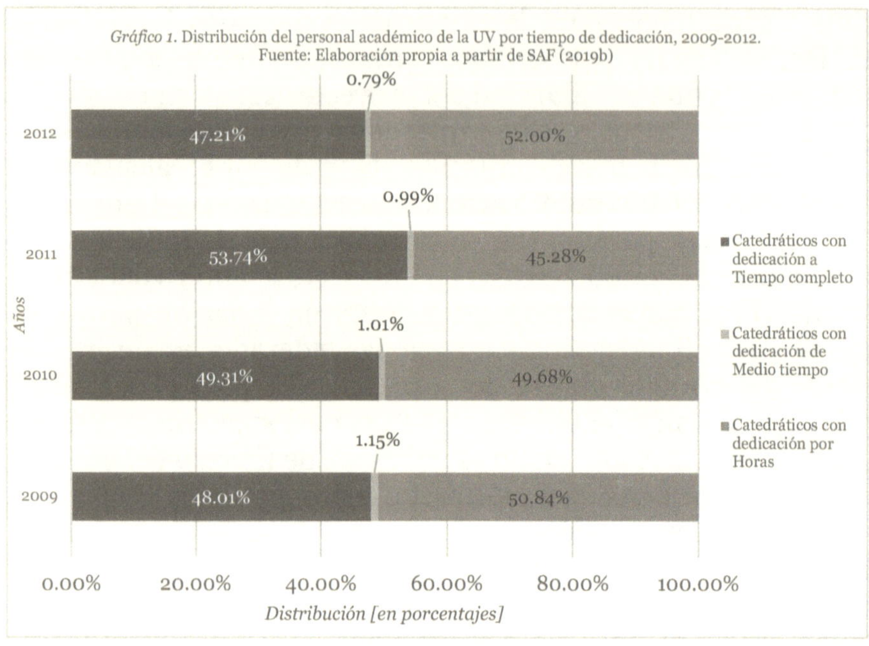

Como se puede observar en el gráfico anterior, la mayor parte de los académicos de la UV ha tenido una dedicación parcial para con la institución, exceptuando el año 2011 dónde poco más del 53% del personal académico tenía dedicación a tiempo completo. Sin embargo, es destacable también el hecho de que la distribución del personal académico se ha mantenido sin una varianza significativa para el periodo estudiado, es decir, que la ocupación de los perfiles docentes parece estable ante el paso del tiempo. Por otro lado, esta población se distribuyó durante el periodo señalado principalmente en la región de Xalapa, la cual se mantiene en todos los casos sin mayores cambios en cuanto al número de personal académico, esto debido quizá a la estabilidad de la plantilla universitaria que hemos visto previamente. En este orden de ideas, mientras esta región alberga a poco más de la mitad del personal académico, es decir, alrededor del 52% de tal muestra, la región con la menor población de catedráticos la ocupa Coatzacoalcos-Minatitlán con cerca del ocho por ciento de los perfiles docentes-investigadores, lo cual se corresponde con el siguiente gráfico:

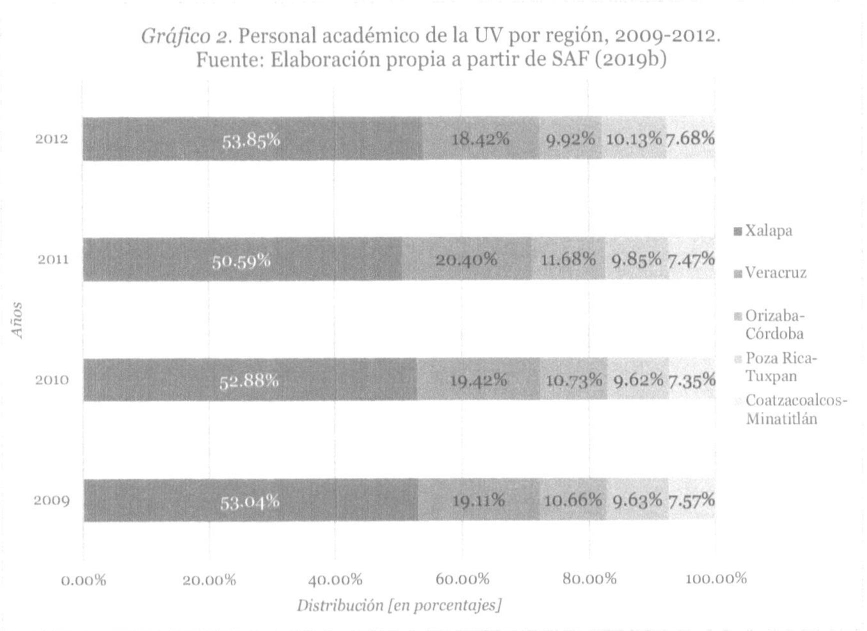

Gráfico 2. Personal académico de la UV por región, 2009-2012. Fuente: Elaboración propia a partir de SAF (2019b)

A la sazón, el costo promedio estimado para la impartición de todos los PE del MEIF por criterio de matrícula total de alumnos atendida en los periodos agosto 2007-febrero 2013 a precios de febrero del 2013 mantiene una tendencia estable, con una fluctuación del orden del 4,8%. De esta manera, la tendencia en el costo promedio estimado ajustado a la inflación para la impartición de todos los PE del MEIF por criterio de matrícula total de alumnos atendida para el periodo en cuestión se mantiene estable, como se ilustra en el siguiente gráfico. Esto refleja no solo la situación presupuestal de la UV, sino que coincide con la estabilidad presentada en materia de personal académico; es decir, que nuestra Universidad muestra ser una institución cuyos costos operativos y personal académico parecen estar en concordancia, pues en ambos casos las fluctuaciones son poco significativas; situación que representamos a continuación:

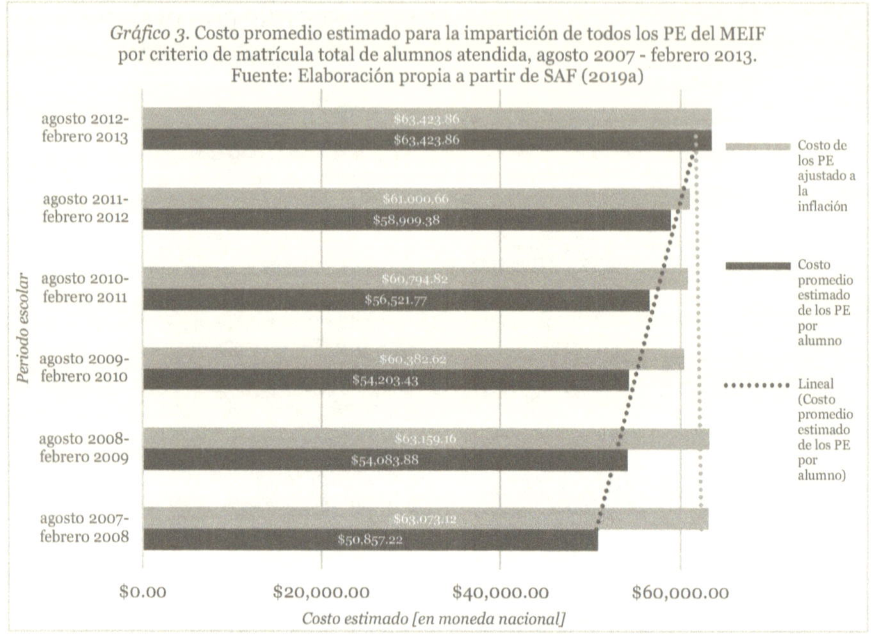

Ahora bien, si integramos la variable de la matrícula total de alumnos por nivel de educación formal, o sea, PE de nivel Técnico Superior Universitario [TSU], Licenciatura y Postgrado, tenemos que para el ciclo escolar 2009-2010 había 57 207 estudiantes de educación formal, mientras que para 2010-2011 el número fue de 58 932, que para el siguiente periodo 2011-2012 eran 61 191 alumnos y, finalmente, para el 2012-2013 se contabilizaron 61 298 estudiantes, creciendo en torno al 6,7% desde el inicio hasta el final del mismo periodo; en dicha matrícula el grueso de la población estudiantil se concentró en el nivel Licenciatura en torno al 95% del total, mientras que un modesto porcentaje de alumnos menor al uno por ciento estudió en el nivel TSU. Se sabe también que como crece el numero de estudiantes de postgrado de manera constante, que pasa del 1,96% al inicio del periodo estudiado hasta un 3,39%; crecimiento que si bien es positivo apenas impacta en el total de alumnos de la UV, distribución que se ilustra como sigue:

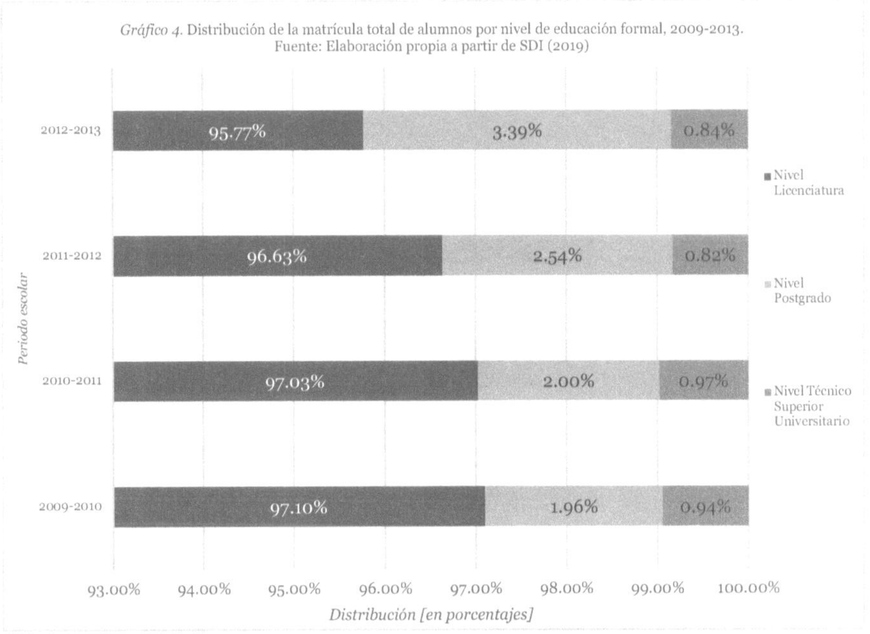

Gráfico 4. Distribución de la matrícula total de alumnos por nivel de educación formal, 2009-2013. Fuente: Elaboración propia a partir de SDI (2019)

En este orden de ideas la mayor cantidad de alumnos de la muestra se concentró en el Área Económico-Administrativa, cerca del 27% del total, seguida del Área de Ciencias de la Salud, cuya demanda significó un 21% de los estudiantes contemplados en este análisis; mientras que, por otro lado, el Área de Artes ocupa la menor demanda del rubro con poco más del 2% de los alumnos contabilizados. De esta muestra resalta que la mayor dependencia estadística, en términos de Covarianza [Cov], se encuentra entre los alumnos inscritos en un PE del Área Económico-Administrativa y el Área Técnica para el periodo señalado líneas arriba, mientras que, por el contrario, la menor dependencia estadística está entre los alumnos del Área Económico-Administrativa y los del Área de Humanidades para el mismo periodo. Ahora bien, en lo que respecta al Coeficiente de correlación Pearson [P], el Área de Humanidades muestra las mayores dependencias lineales, o sea, el porcentaje de alumnos inscritos en sus PE muestra una tendencia positiva con respecto al porcentaje de estudiantes del Área de Ciencias Biológico-Agropecuarias; mientras que su tendencia es negativa con respecto a la demanda de los PE del

Área Técnica. Todo lo anterior se puede corroborar con las ilustraciones siguientes:

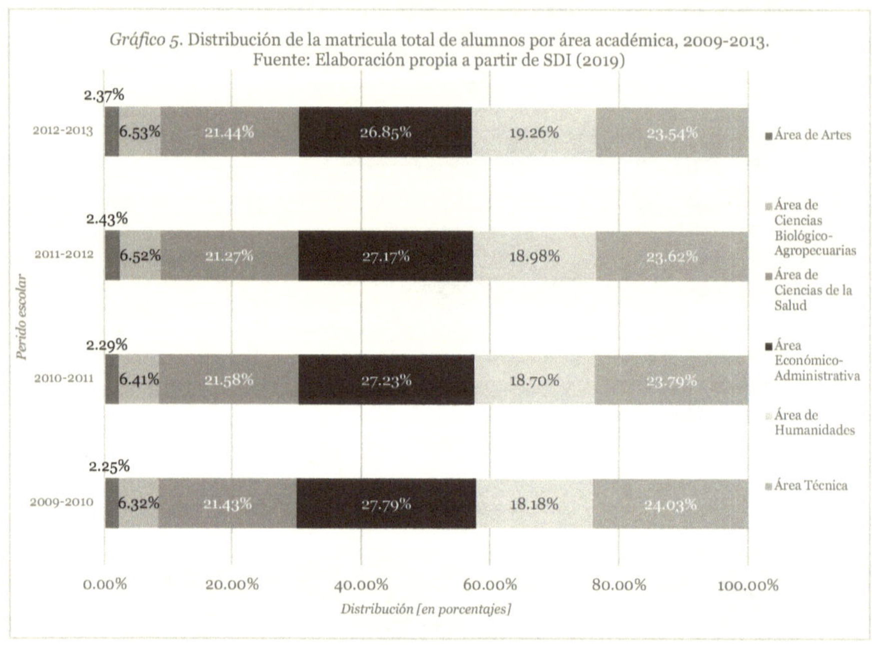

Gráfico 5. Distribución de la matricula total de alumnos por área académica, 2009-2013. Fuente: Elaboración propia a partir de SDI (2019)

Tabla 1. Análisis de la Cov para la matricula total de alumnos por área académica, 2009-2013. Fuente: Elaboración propia a partir de SDI (2019)

Área	Artes	Biológicas	Salud	Admon.	Humanidades	Técnica
Artes	0.005002183					
Biológicas	5.53727E-07	0.007245915				
Salud	-5.46987E-07	-3.93441E-07	0.012162078			
Admon.	-1.66198E-06	-2.63776E-06	9.38108E-08	0.114267804		
Humanidades	2.27091E-06	3.31222E-06	-9.20833E-07	**-1.32966E-05**	0.160294031	
Técnica	-1.11589E-06	-1.55934E-06	5.51242E-07	6.07572E-06	-7.39514E-06	0.034434067

Tabla 2. Análisis del *P* para la matricula total de alumnos por área académica, 2009-2013. Fuente: Elaboración propia a partir de SDI (2019)

Área	Artes	Biológicas	Salud	Admon.	Humanidades	Técnica
Artes	1					
Biológicas	0.919748165	1				
Salud	-0.70128244	-0.419111493	1			
Admon.	-0.69515910	-0.91669983	0.025164413	1		
Humanidades	0.801976607	**0.971884253**	-0.20855383	-0.98246911	1	
Técnica	-0.85025077	-0.987187794	0.269366994	0.968593545	**-0.9953906**	1

Consecuentemente, la distribución regional de esta matricula apunta a que la mayor parte de los alumnos que componen la muestra estudiada se concentraron en la región de Xalapa, al igual que en el caso del personal académico; siendo en ambos casos la región de Coatzacoalcos-Minatitlán la menos densamente poblada tanto por académicos como por alumnos de la UV, como se muestra enseguida:

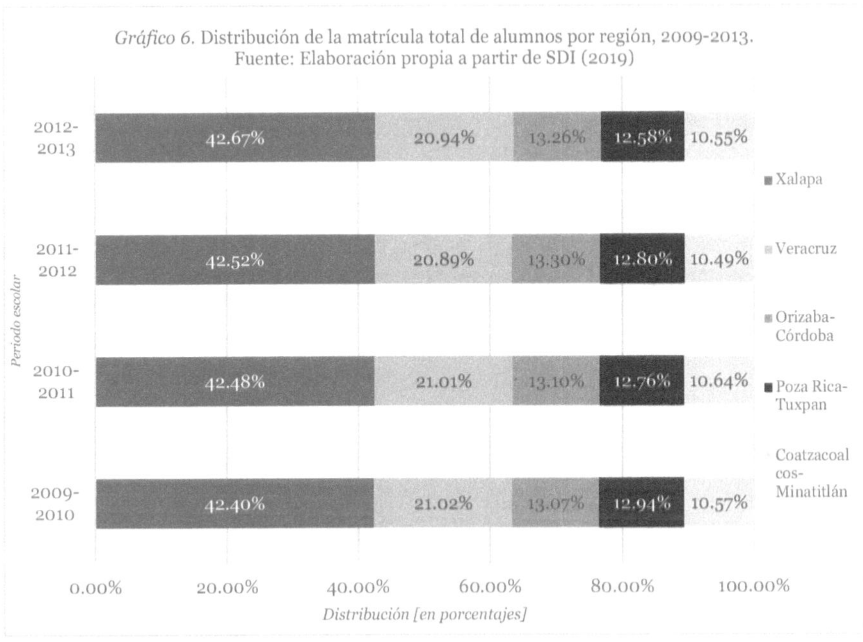

Gráfico 6. Distribución de la matrícula total de alumnos por región, 2009-2013. Fuente: Elaboración propia a partir de SDI (2019)

Finalmente, el *stock* de Capital humano de la UV, es decir, el número de docentes-investigadores registrados en el padrón del SNI más el número de Creadores Artísticos empadronados en el Sistema Nacional de Creadores de Arte, para el periodo 2008-2012, muestra una tendencia creciente ininterrumpida; esto a razón de que, para el primer año, es decir, en el 2008, se encontraban empadronados 207 académicos universitarios, cantidad que llegó a los 328 perfiles docentes para el 2012; esto quiere decir que, en términos globales, el *stock* de Capital humano de nuestra Casa de Estudios creció a una tasa media

anual acumulada muy próxima al 67% para el periodo en cuestión, tal como se aprecia en las ilustraciones consecutivas:

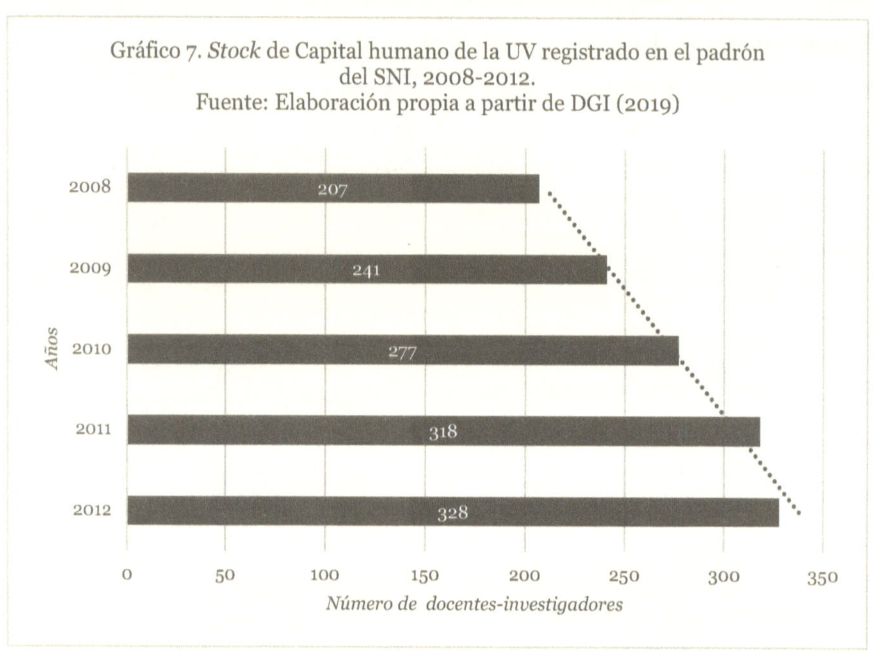

Gráfico 7. *Stock* de Capital humano de la UV registrado en el padrón del SNI, 2008-2012.
Fuente: Elaboración propia a partir de DGI (2019)

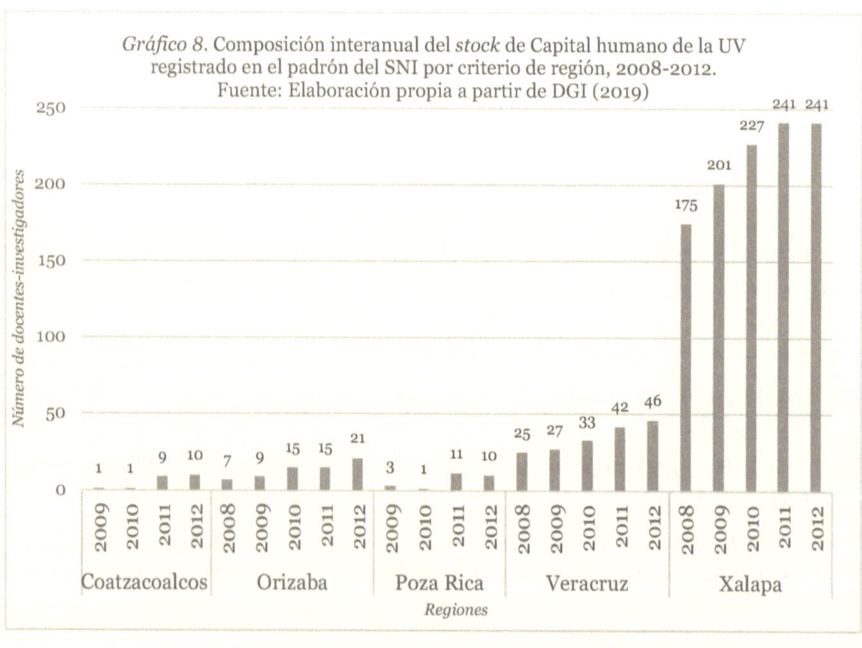

Gráfico 8. Composición interanual del *stock* de Capital humano de la UV registrado en el padrón del SNI por criterio de región, 2008-2012.
Fuente: Elaboración propia a partir de DGI (2019)

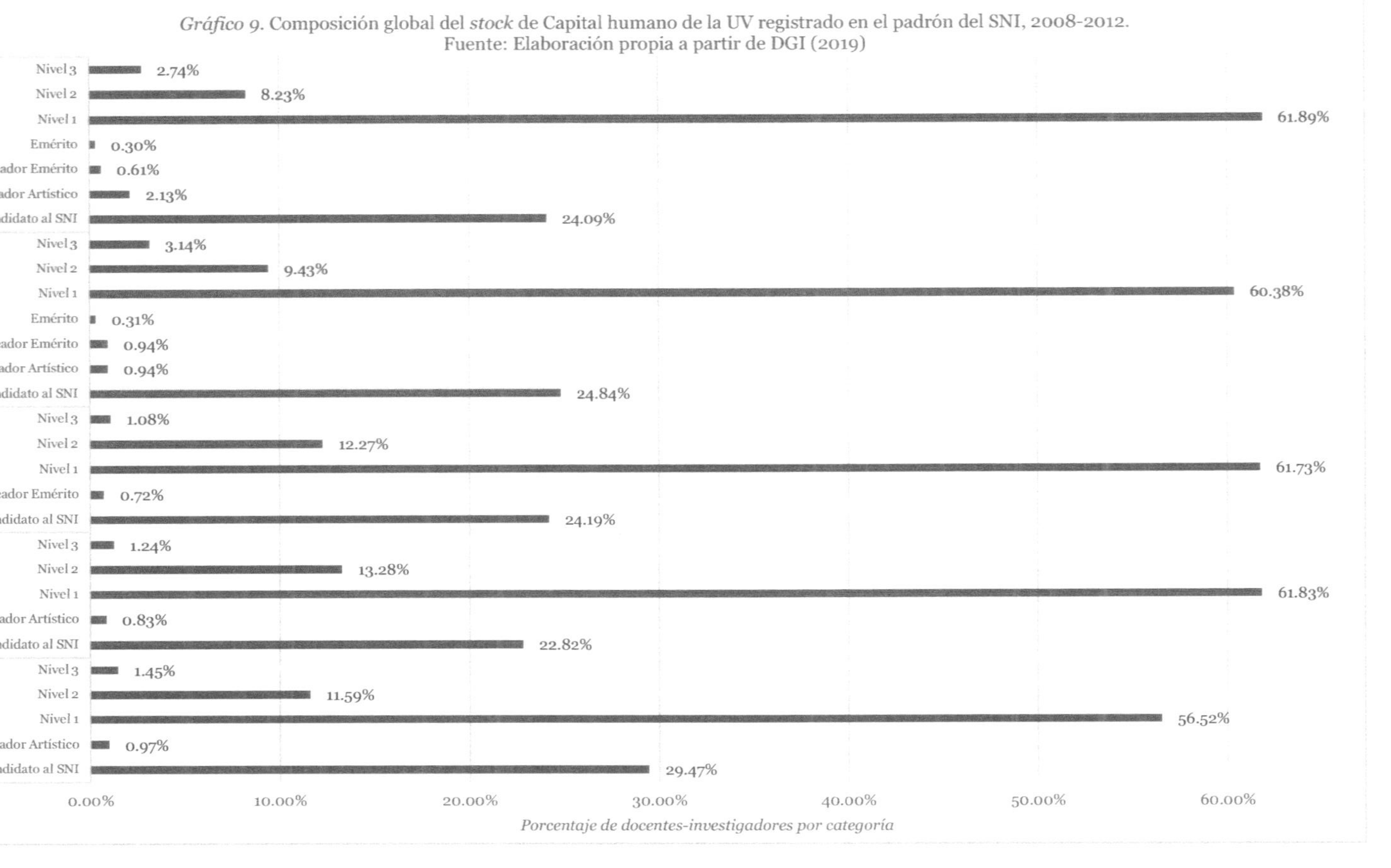

Gráfico 9. Composición global del stock de Capital humano de la UV registrado en el padrón del SNI, 2008-2012.
Fuente: Elaboración propia a partir de DGI (2019)
Años
Porcentaje de docentes-investigadores por categoría
2012
Nivel 3 — 2.74%
Nivel 2 — 8.23%
Nivel 1 — 61.89%
Emérito — 0.30%
Creador Emérito — 0.61%
Creador Artístico — 2.13%
Candidato al SNI — 24.09%
2011
Nivel 3 — 3.14%
Nivel 2 — 9.43%
Nivel 1 — 60.38%
Emérito — 0.31%
Creador Emérito — 0.94%
Creador Artístico — 0.94%
Candidato al SNI — 24.84%
2010
Nivel 3 — 1.08%
Nivel 2 — 12.27%
Nivel 1 — 61.73%
Creador Emérito — 0.72%
Candidato al SNI — 24.19%
2009
Nivel 3 — 1.24%
Nivel 2 — 13.28%
Nivel 1 — 61.83%
Creador Artístico — 0.83%
Candidato al SNI — 22.82%
2008
Nivel 3 — 1.45%
Nivel 2 — 11.59%
Nivel 1 — 56.52%
Creador Artístico — 0.97%
Candidato al SNI — 29.47%
0.00% 10.00% 20.00% 30.00% 40.00% 50.00% 60.00%

Tabla 3. Crecimiento global del *stock* de Capital humano de la UV
registrado en el padrón del SNI, 2008-2012.
Fuente: Elaboración propia a partir de DGI (2019)

Periodo	Tasa de crecimiento
2011-2012	3,05%
2010-2011	12,89%
2009-2010	13,00%
2008-2009	14,11%
Tasa media anual acumulada	66,64%

En este orden de ideas, resalta también que en la composición global de dicho *stock* cerca del 60% de los empadronados ostentaba el Nivel 1 del SNI, seguido de los Candidatos a este sistema, los cuales se estiman en torno al 22% y 29% para el mismo periodo.

Como se puede observar en detalle más adelante, hay una amplia gama de disciplinas en las cuales se distribuyó el *stock* de Capital humano de la UV durante el periodo en cuestión, ya que tanto la DGI, el SEA y la UVI, junto a las dependencias adscritas a las diferentes áreas académicas que integran los PE del MEIF, han gestado una serie de académicos dedicados a la producción científica y artística. En este sentido, la distribución del *stock* es desigual, pues de nuevo la región de Xalapa concentra la mayor parte de la demografía e infraestructura consustancial a la muestra; lo cual significa también que en esta región se concentran los perfiles docentes con mayor rango dentro del SNI, o sea, aquellos que ostentan los Niveles 2 y 3; mismos que representan una media del 14% de los académicos empadronados en dicha región, si bien es cierto que en las regiones de Orizaba-Córdoba y de Veracruz habían docentes con Nivel 2, correspondientes al 6% y al 11% de sus respectivas poblaciones. A la situación antedicha se añade que todos los creadores artísticos y los docentes Eméritos del Sistema se encuentran en la región de Xalapa; de tal forma, en las regiones de Poza Rica-Tuxpan y Coatzacoalcos-Minatitlán la media del personal académico de esos campus corresponde a una media de 1,6% y 1,3% del *stock* de Capital humano total para el periodo estudiado, respectivamente. Todo lo anterior puede ser corroborado en los siguientes gráficos:

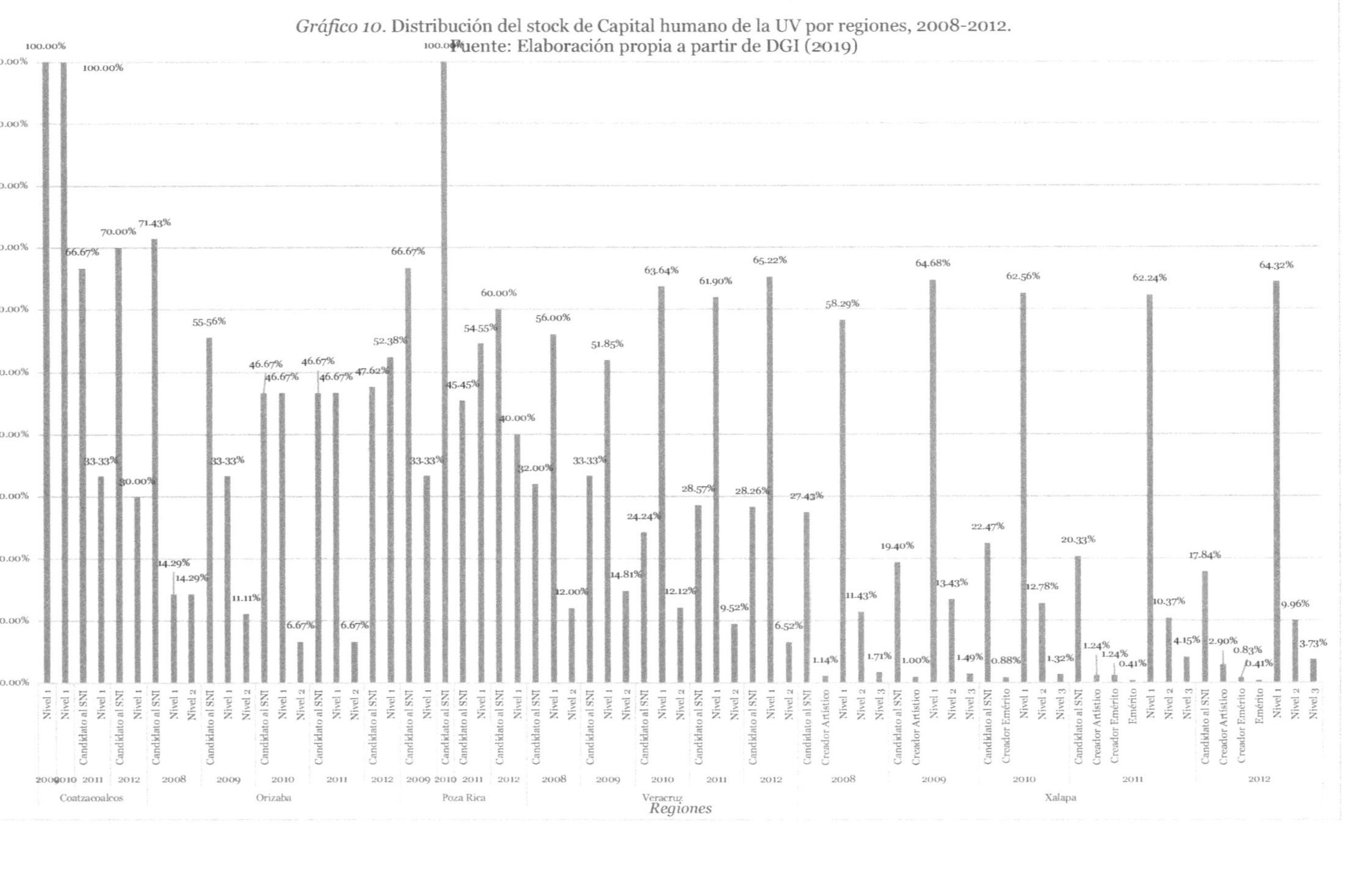

Gráfico 10. Distribución del stock de Capital humano de la UV por regiones, 2008-2012.
Fuente: Elaboración propia a partir de DGI (2019)

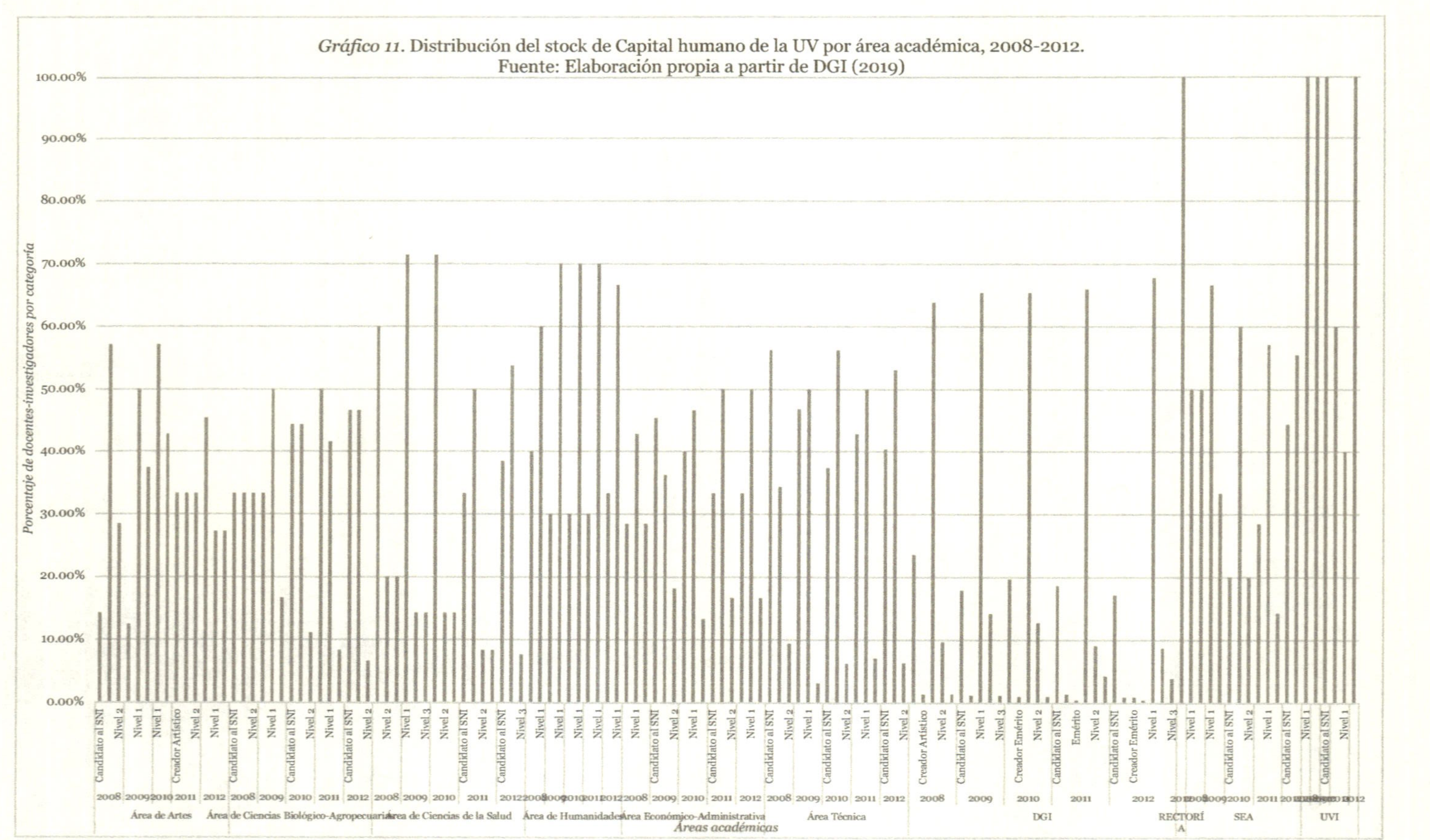

Gráfico 11. Distribución del stock de Capital humano de la UV por área académica, 2008-2012.
Fuente: Elaboración propia a partir de DGI (2019)

DISCUSIÓN

Todos estos datos indican que el MEIF en tanto proyecto curricular ha impactado positivamente en el desarrollo de perfiles docentes enfocados en la investigación dentro de la Universidad Veracruzana. Ello se deduce del crecimiento del *stock* de Capital humano de nuestra Casa de Estudios, mostrado líneas arriba, en comparación con el resto de personal académico y matrícula estudiantil para el periodo estudiado 2008-2012. Considerando también que el costo promedio estimado en moneda nacional para la impartición de todos los PE del MEIF por criterio de matrícula total de alumnos atendida durante el periodo estudiado se mantuvo en torno a los 63 mil pesos, a precios de 2013, pensamos que hubo un ejercicio óptimo de recursos en nuestra Universidad. En otras palabras, si bien hubo un crecimiento muy modesto en lo que se refiere al *stock* de Capital humano de la UV durante 2008-2012, parece ser que el ejercicio del presupuesto de nuestra *alma mater* ha sido de provecho para la comunidad universitaria. Ahora bien, este crecimiento es desigual, por fuera de la región de Xalapa el *stock* de Capital humano se ve mermado y apenas es algo anecdótico en regiones como Poza Rica-Tuxpan, y Coatzacoalcos-Minatitlán. Sea como fuere, la existencia de una amplia gama de creadores artísticos, investigadores y candidatos en el padrón del SNI nos permite corroborar la calidad educativa de nuestra Universidad.

REFERENCIAS

Beltrán, J. (1999). *Nuevo modelo educativo para la Universidad Veracruzana* (2.ª ed.). Xalapa: Universidad Veracruzana.

Beltrán, J. (2012). El Modelo Educativo Integral y Flexible de la Universidad Veracruzana. *CPU-e, Revista de Investigación Educativa*, (1), 135–144. https://doi.org/10.25009/cpue.v0i1.152

Casarini, M. (2005). *Teoría y diseño curricular* (2.ª ed., reimp.). México, D.F.: Trillas; Instituto Tecnológico de Estudios Superiores de Monterrey.

Dirección General de Investigaciones, Universidad Veracruzana (2019, octubre, 7). DGI/680/2019. Xalapa: Autor.

Instituto Nacional de Estadística y Geografía. (2019). Calculadora de inflación [Publicación de registro web]. Recuperado de https://www.inegi.org.mx/app/indicesdeprecios/CalculadoraInflacion.aspx

Secretaría de Administración y Finanzas, Dirección General de Recursos Humanos, Universidad Veracruzana (2019a, octubre, 8). DGRF 1073/10/19. Xalapa: Autor.

Secretaría de Administración y Finanzas, Dirección General de Recursos Humanos, Universidad Veracruzana (2019b, octubre, 10). Solicitud de información: 1554/2019. Xalapa: Autor.

Secretaría de Desarrollo Institucional, Dirección de Planeación Institucional, Universidad Veracruzana (2019, octubre, 2). Of. No. 379/DPI/19. Xalapa: Autor

www.ingramcontent.com/pod-product-compliance
Lightning Source LLC
Chambersburg PA
CBHW051226250726
48655CB00006B/2627